知的生きかた文庫

しあわせ紅茶時間

斉藤由美

三笠書房

はじめに

私が紅茶業界に携わって、33年の年月が流れました。世の中にもさまざまな変化があるように、紅茶業界の中でもさまざまな変化があったと振り返ります。リーフティーが入った高級感のあるギフト商品の需要が減り、手軽で便利なティーバッグ市場が拡大しました。ペットボトル飲料の普及で、場所を選ばず紅茶を味わえるようになりましたし、当時はほとんど見かけることがなかった国産紅茶は、「和紅茶」として各地で広がりを見せています。

そんなあらゆる変化の中にあっても、変わることのない紅茶の価値。

それはきっと、紅茶のもつ「やさしさ」と「癒し」なのではないかと感じます。アフタヌーンティーを始めたといわれる貴婦人も、紅茶好きだったミステリーの女王「アガサ・クリスティー」も、きっと紅茶のもつこの感覚に魅了されたのかもしれません。

現代の私たちも、紅茶を飲むことで時空を超えて紅茶の価値を共有できるのだと思うと、とてもロマンを感じます。

本書は数年前に出版した単行本を、紅茶の変わらぬ魅力はそのままに、時代とともに変化した事柄や、日本に浸透した情報などを新たに書き加え、いつでも身近に置いていただける手軽なサイズで誕生させました。ぜひ気軽に開いて、紅茶の世界を楽しまれますようにと願います。

便利なことは増えたけれど、とても気ぜわしい世の中になりました。情報があふれ、脳が追い付かず、いつもどこかに疲労を抱えがちです。ホッとしたいとき、心をゆっくりさせたいとき、癒されたいと思ったら、そんなときこそ紅茶をどうぞ。

紅茶はいつも、あなたをやさしく包み、あなたの心を癒し、しあわせ時間へと導いてくれるはずです。

しあわせって、とても身近にあるものだということに、紅茶がやさしく気づかせてくれるでしょう。

斉藤由美

『しあわせ紅茶時間』もくじ

Part 1

おいしい紅茶の基本

Part 2

茶葉で巡る世界の産地

Part 3 アフタヌーンティーの世界へようこそ

Part 4 紅茶が主役の旅をする

Part 5

紅茶にまつわる物語

イラスト／せきあゆみ

スタジオ撮影／天野憲仁（日本文芸社）

撮影協力／小棚木政之

本文デザイン・DTP／佐々木恵実（ダグハウス）

佐藤正人（オーパスワン・ラボ）

Prologue

産地やブランドで異なる紅茶の個性

紅茶にはたくさんの種類がある

紅茶の種類はどのぐらいあるのでしょう？　その答えは「数えられない」！　基本的に産地別に分けられますが、そこにフルーツなどのフレーバーがついたり、ブレンドされたりして、紅茶の種類は無限に広がっていきます。茶葉が育った環境や気候、製法やブレンドの違いによって豊かになる紅茶の個性。たくさんある紅茶は、私たち一人ひとりが豊かな個性にあふれていることと、とてもよく似ています。

TEA PALACE
LIPTON
TEA

ストレート、ミルク、アレンジまで

紅茶にはさまざまな楽しみ方がある

ストレートティーをベースに、ミルクやフルーツ、スパイスなどさまざまな食材と組み合わせてアレンジしたり、紅茶を食材のひとつとしてスイーツや料理をつくるのに使ってみたり。多くのバリエーションを楽しめるのも、紅茶の魅力。紅茶の存在感をさりげなく漂わせながら、さまざまな食材と紅茶の奏でるハーモニーが、私たちの暮らしに、より心豊かな楽しみをもたらしてくれます。

どんな時間もプラスにする名演出家

紅茶には優雅で楽しい時間の演出力がある

華やかなティーフーズと一緒に楽しむ午後のティータイムは、憧れの素敵な時間。紅茶はその時間と空間にぴったりなムードを盛り上げてくれます。季節や時間、場所、メンバーに合わせて、紅茶やティーフーズの種類、食器、テーブルセッティングなどに小さな工夫を加えることで、豊かな時間が広がります。私たちの暮らしをドラマティックにしてくれる、紅茶はそんな存在なのです。

「忙しい」「疲れた」「イライラしてしまう」。そんなときこそ紅茶をいれてみましょう。そうすれば、時間の流れが穏やかに感じられ、忙しい日々の中でも頭や心をリセットできるはず。紅茶は、心の余裕を取り戻すお手伝いをさりげなくしてくれます。どんなときも、紅茶があれば空気はプラスになります。気分がアップし、笑顔が生まれます。

明るく優雅で前向きな時間を、紅茶は私たちに届けてくれるのです。

Part

1

おいしい紅茶の基本

紅茶をいれるために必要なグッズ、
おいしいいれ方など、
紅茶に関する基礎知識を紹介します。

選ぶだけでワクワクする
紅茶をおいしくするティーグッズ

茶葉とお湯、ポットとカップ、
それさえあれば紅茶を飲むことはできます。
でも、ポットの種類や色、カップの形状や大きさ、
ティーストレーナー、タイマー、ティーコジーなど、
紅茶を取り巻く仲間が集まることで、
紅茶の魅力や楽しみが膨らみ、
日常生活に小さなドラマも生まれます。
ひとりでも、みんなでも。普段も、特別な日も。
自分のセンスで自由自在に楽しめる
ティータイムのグッズたちを紹介しましょう。

3 4 5

1 ティーコジー
2 ティーポット
3 ケーキプレート
4 ナイフ&フォーク
5 ティーストレーナー
6 ミルクピッチャー
7 ティーカップ&ソーサー
8 シュガーポット
9 タイマー

茶葉が静かに花開く
心地よい紅茶の部屋

ティーポット

茶葉を蒸らすポットと、カップに注ぐポット。
2つのポットがあると便利です。

おいしい紅茶をいれるために、ティーポット選びはとても重要です。理想的な状態の熱湯（P32参照）を注ぐと、茶葉が上下に弾んだり舞い降りたりする「ジャンピング」（P34参照）という現象が起こります。このジャンピングには、できるだけ丸型のポットがよいといわれています。

私は、ポットを2つ用意し、ひとつで茶葉を蒸らし、その後もうひとつのポットにティーストレーナーを使って紅茶をすべて注いで使い分けます。

形の種類

エインズレイ
「エリザベスローズピンク」

丸型

扱いやすくもっともポピュラーな形状。茶葉を蒸らす場合でも、理想的な形。

ミントン
「ハドンホール」

横長型

安定した形状でもちやすい。テーブル上を上品に演出してくれる。

シェークスピアの「ハムレット」のワンシーンが描かれたポット

縦長型

テーブル上に立体的に映える形状。極端に細長いものは基本的にはコーヒー用。

材質の種類

ロイヤルクラウンダービー
「ロイヤルアントワネット」

磁器

軽くて丈夫で扱いやすく、ティーパーティーにも大活躍。もちろん、日常使いにも便利。

ベヒタフバッハ

陶器

イギリス家庭でもよく使われる。どっしりと重たくカジュアルで、日常使いに重宝。

1860年代のアンティーク
（イギリス製）

シルバー／ステンレス

割れる心配がないシルバーやステンレスは、慣れるととても扱いやすく、手放せなくなる。

耐熱ガラス

耐熱ガラス

きれいな紅茶の色が楽しめるが、冷めやすくもあるので、必ずマットを敷いて使う。

ティーポットを選ぶときに気をつけたいこと

ポットを傾けてもフタが落ちないように、内側にストッパーがあると安心
ハンドルがもちやすいものを選ぶ
注ぎ口がスムーズなものを選ぶ

ロイヤルコペンハーゲン「ホワイトフルーテッド」

紅茶に彩りを加える
洋服のような存在

ティーカップ＆ソーサー

形状で水色《すいしょく》が変わり、香りの広がりを奏でるティータイムの主役。

デザイン豊富なカップ＆ソーサーですが、最初に購入するなら、カップの中が白いシンプルなものを選ぶとよいでしょう。カップに注がれた紅茶の色（水色《すいしょく》）を楽しむことができるからです。その後、好みのデザインを増やすとよいでしょう。ティーカップ＆ソーサーは、紅茶に彩りを加えてくれる存在です。

高級なものでも、どんどん使うことで、暮らしになじませていきましょう。

陶器

飲み口が厚く、ポテッとした形のものが多い陶器ですが、温かみがあるのが特徴。

耐熱ガラス

紅茶の色を楽しめる上、熱い飲み物もさわやかに感じられ、夏のホットティーに最適。

木製

大館工芸社「曲物カップ」

秋田杉で手づくりされる「曲げわっぱ」。紅茶と杉の木の香りの融合が魅力。驚くほどの軽さ。

磁器

薄くて洗練された輝きを放つ磁器。中でもイギリス発祥のボーンチャイナは軽くて扱いやすい。カップの内側に模様があるものは、透明感のある紅茶ならではの楽しみがある。カップの飲み口が広がっているものはストレートティーに、飲み口の広がりが小さいものはミルクティーに合う。

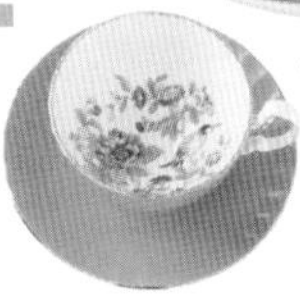

エインズレイ
「ペンブロック（ピンク）」

ロイヤルドルトン
「イングリッシュルネッサンス」

ウェッジウッド
「バタフライブルーム」

ウェッジウッド
「スプリングブロッサム」

Point

まずはカップを見たときに、そのカップでどんな紅茶が飲みたいかイメージするのが大切です。

同じものを複数購入する場合は、最初に1個購入して使い心地を確認してから、2個目以降を購入するといいでしょう。また、飲み口は薄いほうが、紅茶の繊細な味わいに向いています。

アンティーク

アンティーク食器は、現代では経験できない当時の紅茶シーンを感じることのできる貴重な存在。購入する際は、年代や状態についてしっかり確認しましょう。

1899年のアンティークカップ（着脱可能なシルバーのホルダーは、ティーカップには珍しい）

多くのシーンで使える
万能性が魅力

マグカップ

オフィスシーンでも重宝する、手軽に紅茶を楽しむための必須アイテム。

ボーンチャイナのマグカップは、軽くて飲み口が薄く、紅茶の繊細さを味わえる。

ロイヤルウースター

マグカップ専用のシリコン製のフタは、保温と埃よけに便利。贈り物にも喜ばれる。

maebata
フタはFrancfrancで購入

ストーンウエア製の丈夫な材質は、電子レンジにも対応可能でとても便利。

デンビー

ジョージ王子誕生の記念マグ。金彩が施されたゴージャスな雰囲気で紅茶を味わえる。

エインズレイ

気取らずにゴクゴクと飲める容量たっぷりのマグカップは、毎日楽しむティータイムには欠かせないアイテムです。

フタ付きのカップや、市販のシリコン製のフタなどを使用すると保温性もグッと増して便利です。

ちなみに、マグカップという表現は日本での呼ばれ方。英語では「マグ」といいます。

イギリスでも、朝食時やオフィスではマグを愛用する人が多く、ロイヤルウエディングやロイヤルベビー誕生のときにも、記念マグが人気でした。

よく使うからこそ
お気に入りの1本を

ティースプーン&ティーメジャー

茶葉を量ったり、紅茶をかき混ぜたり。
紅茶をいちばんよく知る存在。

ティースプーンとコーヒースプーン

ティースプーンは、コーヒースプーンよりひと回り大きいサイズ。茶葉を量るときにももちやすくたいへん便利。

ティーメジャー

茶葉を量るティーメジャースプーンは、かわいらしいデザインのものがたくさんある。紅茶缶にすっぽりと収まるサイズなので、「ティーキャディースプーン」とも呼ばれる。

イギリスでは「小さじ」の基準は「ティースプーン」。

そのくらい、よく使われる身近な存在です。

カップにティースプーンが添えられている場合、カップの後ろ側にスプーンを置き、カップを手に取って飲むと邪魔になりません。

茶葉を量るときに使用するティーメジャーも、かわいらしいものがたくさんあります。

どれを使うと正確に量れるという決まりや基準は特にありませんが、茶葉を量るスプーンはひとつに決め、いつも同じものを使用するとわかりやすいでしょう。

茶葉をやさしく受け止める
ティーカップへの案内人

ティーストレーナー

紅茶を美しく注ぐために、
必須のアイテムです。

回転型のティーストレーナーは、カップにかけることができるので便利。

茶葉を中に入れて使用するティーインフューザー。ポットがないときに便利。細かい茶葉に向いている。

メッシュが細かいものは、どんな小さな茶葉でも受け止めてくれる。

穴の数がたくさんあるタイプは、機能的で使いやすくおすすめ。

ティーストレーナーとは「茶こし」のこと。

ポットに茶葉をいれて熱湯を注ぎ、時間がたったら注ぎ移しますが、その際にティーストレーナーを使用します。ティーストレーナーに茶葉をいれ、その上から熱湯を注いで紅茶をいれる人もいますが、これでは紅茶の成分や旨みがしっかりと抽出されない「色つきのお湯」になってしまいます。

茶葉はしっかりとポットで蒸らし、ティーストレーナーでこして注ぐのが、おいしく飲むためには大事なことです。

ティータイムを
穏やかにするインテリア

ティーコジー&タイマー&ティーマット

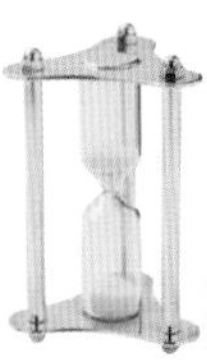

タイマー（砂時計）

茶葉を蒸らす間の時間は、きちんと計ることが重要。砂時計なら、その時間の流れさえも素敵に演出してくれる。

待ち時間も楽しくなる、
ティータイムの実用的アクセサリー。

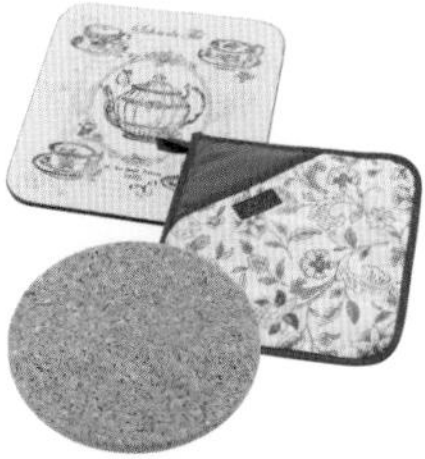

ティーマット

いれた紅茶の保温はもちろんのこと、ポットの熱でテーブルを傷めないためにも、マットは必須アイテム。

ティーコジー

抽出した紅茶をいれたティーポットにかぶせておくと、30分は熱々のおいしい紅茶が楽しめる。できるだけ厚手のものがよい。

ティーコジーは、ポットにかぶせる保温用のカバーのことで、家や動物、人形の形など、さまざまなデザインのものがあり、ティータイムを楽しく演出します。

　ポットの下に敷くティーマットとセットで使うと、より保温効果が高くなりおすすめです。

　紅茶の葉が開くまでのひとときは、とても心が落ち着く、穏やかな時間。その紅茶を蒸らす時間をやさしく刻んでくれるのが砂時計です。デジタルタイマーも便利ですが、ここはアナログなムードで、砂が少しずつ落ちる瞬間を楽しみたいものです。

1

おいしい紅茶のための3要素 ①

紅茶にベストな水

空気をたっぷり含んだ、新鮮な水を
使用するのがベストです。

紅茶をおいしくいれるには、軟水と硬水のどちらが適しているでしょうか？

紅茶の種類やブレンド内容によっても異なるので、どちらがよいと決められません。

あえていうならば、軟水は紅茶の繊細さを引き出しやすく、硬水は粗を消してくれるという分け方ができます。

香り重視のストレート向けの紅茶なら軟水、コクがあるミルクティー向けの紅茶なら硬水が、それぞれの特徴をより引き出しやすいというのが、私自身の経験による見解です。ちなみに、日本の水はおもに軟水です。

ただし、紅茶をいれるためにわざわざ水を購入したり、おいしい水を汲みに行ったりする必要はありません。

空気をたっぷり含んだ、新鮮な水を使用することが、紅茶のおいしさを引き出す大きな要素のひとつです。

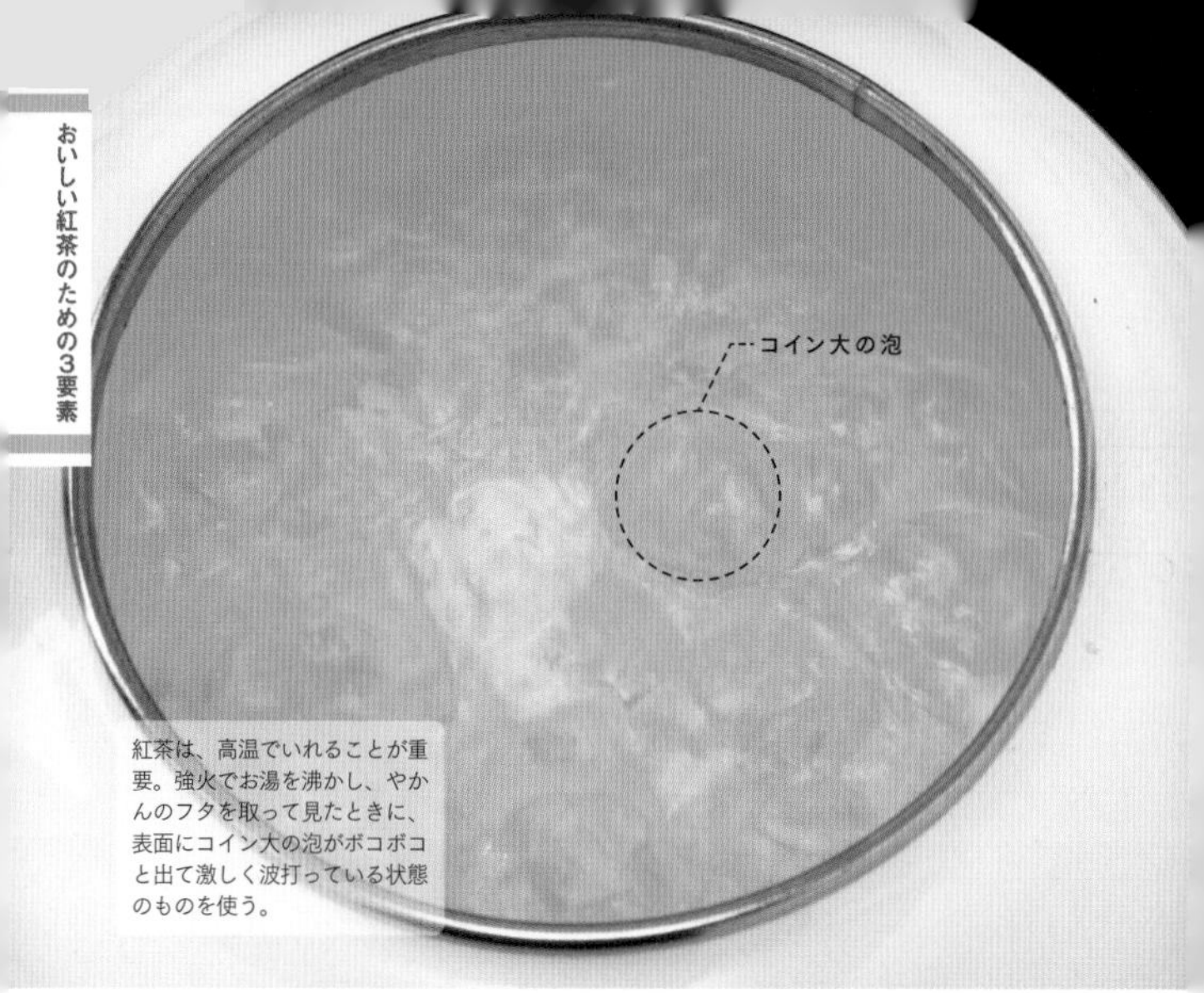

紅茶は、高温でいれることが重要。強火でお湯を沸かし、やかんのフタを取って見たときに、表面にコイン大の泡がボコボコと出て激しく波打っている状態のものを使う。

ベストな水にする方法

ミネラルウォーター

ミネラルウォーターは、製品によって含有成分が異なるため、紅茶の色合いや味わいを大きく左右してしまうことも。ミネラルウォーターを使用しなくてはならない場合は、軟水のものを選ぶとよい。

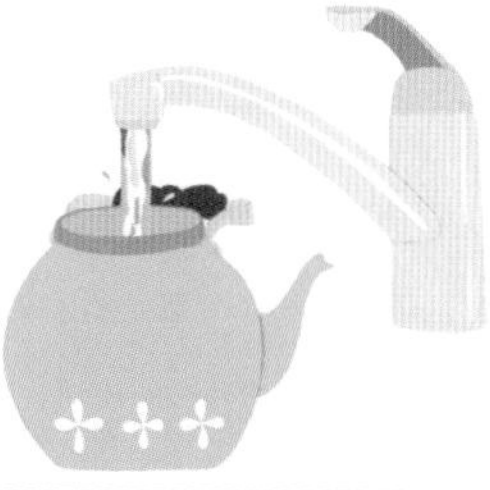

水道水

紅茶をいれるには、水道水がよい。浄水器を使用していればさらによい。汲み置きの水は酸素量が乏しいため、紅茶をおいしくいれるには不向き。紅茶をいれる直前に水道水をやかんにいれて沸かすのがよい。

2

おいしい紅茶のための3要素②

茶葉と熱湯の割合

基本の割合を軸にして、
飲み方や好みで微調整しましょう。

茶葉と熱湯の基本分量は、カップ1杯分に対し、茶葉が3g、熱湯が200cc（200㎖）。

熱湯の分量が200ccでは少し多いのではと思われるかもしれませんが、私はこの分量をおすすめしています。

その理由は、

①杯数が増えても計量しやすい
②最近のカップは少し大きめになってきている
③日本人の紅茶に対する好みはライトテイストが多い

という3点です。

この分量を基本とし、もしもあなたがもっと濃いめのほうが好みなら、茶葉の分量を増やしたり、蒸らし時間を長くしたりしましょう。逆に軽めが好みなら、茶葉を少なくしたり、蒸らし時間を短めにしたりします。また、ミルクティーの場合は、茶葉の分量は少し多めにするとよいでしょう。

5杯以上の紅茶をいれる場合でも、この分量なら、割合を調整しなくてもバランスよく仕上がります。

リーフティーの基本分量と蒸らし時間

※カップ1杯分の場合

茶葉：3g（ティースプーン1杯）

熱湯：200cc

蒸らし時間：3分

1

ポットの茶葉に熱湯を注ぐ

ポットにいれた茶葉に沸騰したての熱湯を注ぐと、茶葉がジャンピング。写真はカップ2杯分（ジャンピングについてはP34参照）。

2

茶こしを使って注ぐ

リーフティーは茶こしを使って注ぐ。このとき、最後の一滴「ゴールデンドロップ」までしっかりと注ぐのがポイント。

ティーバッグの基本分量と蒸らし時間

※カップ1杯分の場合

ティーバッグ：1袋

熱湯：200cc

蒸らし時間：1〜2分

（茶葉が大きめのティーバッグは約3分）

3

おいしい紅茶のための3要素③

ジャンピング

ジャンピングは、おいしい紅茶のサイン。
茶葉が弾む熱湯を用意しましょう。

おいしい紅茶をいれるために重要なのが「ジャンピング」です。「ジャンピング」とは、適切な分量の茶葉に、適切な温度と分量の熱湯を注いだ際にティーポット内で起こる、「茶葉の上下運動」のこと。これによって、茶葉の一片一片がしっかりと熱湯に溶け込み、ベストな紅茶が抽出されていきます。

熱湯に含まれる酸素量のバランスがとても重要なので、沸かしすぎたお湯も沸騰していないぬるいお湯も、紅茶のおいしさをしっかりと抽出するには不適切です。

茶葉をいれたティーポットに熱湯を注ぐ。勢いよく注ぐのがポイント。

ジャンピングのNG

× 沸騰させすぎ

お湯を沸騰させすぎると水の中の酸素が少なくなるため、茶葉はジャンピングせずに沈んでしまい、香味バランスの悪い紅茶になってしまう。

× お湯がぬるい

沸騰が十分でないぬるいお湯を注ぐと、茶葉は上に浮き上がり、水色もよどみがち。旨みがしっかり抽出されない紅茶になってしまう。

茶葉が水分を含んで静かに開きながら、ジャンピング（上下運動）する。

時間の経過とともに、水分を含んだ茶葉が重くなり、ポットの底に沈んでいく。

最終的にほぼすべての茶葉が底に沈む。これで紅茶のもつ風味がしっかり溶け出している。

コツをつかめば誰でもおいしくできる

紅茶をいれてみましょう

一日に何杯も紅茶を飲むイギリス人女性の知人がいます。
彼女はどんなに忙しくても、
紅茶をいれるために、やかんに水をいれて沸かしたその瞬間から、
ふんわりとやさしい気分になれる、と私に話してくれました。
手順を追って丁寧に紅茶をいれる時間は、
心を清らかに整えてくれる素敵な時間。
キャサリン王妃が英国王室に広めた茶の習慣も、
ヴィクトリア時代にはじまったアフタヌーンティーも、
みんなリーフティーからはじまりました。
紅茶をいれて味わう時間は、
時空を超えて紅茶の楽しみを
共有できるひとときかもしれません。

ストレートティー

《リーフ》

紅茶のいれ方の基本中の基本。重要なコツが
満載されているので、しっかりつかみましょう。

● お湯を沸かす ●

酸素を多く含んだ新鮮な水を使い、お湯の表面に、コイン大の泡が出て激しく波打つまで沸騰させる。

● 茶葉をいれる ●

あらかじめ温めておいたポットに茶葉をいれる。分量はカップ1杯分に対しティースプーン1杯（約3ｇ）。

※OP：オレンジ・ペコー（大きめの茶葉）
BOP：ブロークン・オレンジ・ペコー（細かい茶葉）

● 熱湯を注ぐ ●

1杯分に対して200ccの熱湯を注ぐ。茶葉に当てるように、勢いよく注いでいく。

● 茶葉を蒸らす ●

ポットにフタをし、約3分茶葉を蒸らす。タイマーを使ってしっかりと時間を計る。

Point

リーフでストレートティーをおいしくいれる

- ポットをあらかじめ温めておく
- 1杯分に対し茶葉はティースプーン1杯=約3g
- お湯はコイン大の泡が出て波打つまで沸騰させる
- 1杯分に対して200ccの熱湯を注ぐ
- 熱湯を注いだ後は必ずフタをし、約3分蒸らす

5

軽く混ぜる

全体の濃さが均一になるように茶葉を軽くひとかきする。混ぜすぎると余分な渋みが出るので注意。

6

ポットに注ぐ

ティーストレーナーを使って、温めておいた別のポットに注ぐ。最後の一滴まで注ぐのが味の決め手となる。

7

カップに注ぐ

紅茶はなみなみと注ぐほうがおいしく見えるので、たっぷり注ぐ。

おいしいいれ方 2

ストレートティー

《ティーバッグ》

ティーバッグをゆらさずに、じっと待つことが、
おいしさの秘訣。

● カップをお湯で温める ●

カップにお湯を注ぎ、まずはカップを温める。このお湯は②の手順に移る前に捨てる。

● カップに熱湯を注ぐ ●

タグが入り込むのを防ぐため、先に沸騰直後の熱湯をカップに注ぐ。カップ１杯分の目安は200cc。

● ティーバッグをいれる ●

ティーバッグをカップのふちから静かにいれて、沈めていく。

● カップにフタをする ●

ティーソーサーや小皿などを使ってカップにフタをする。タイマーを使って、１～２分しっかり蒸らす。茶葉が大きい場合は約3分。

Point

ティーバッグでストレートティーをおいしくいれる

- カップをあらかじめ温めておく
- ティーバッグは、カップ1杯に対し1袋を使用
- タグが入り込むのを防ぐため、カップに熱湯を注いだ後にティーバッグをいれる
- 蒸らしている間はティーバッグをゆらさない
- 取り出すときに全体になじませるよう軽く振る

5

茶葉を蒸らす

茶葉を蒸らす間、最初は、カップの表面にティーバッグが浮き上がっている。

6

紅茶成分を抽出

時間の経過とともに、ティーバッグは沈んでいく。ティーバッグは決してゆらさないように。

7

そっと引き上げる

蒸らした後、全体になじませるようにティーバッグを軽く振ってからそっと引き上げる。

8

完成

引き上げたティーバッグは、ティーバッグレストなどの小皿に置く。

おいしいいれ方 3

ロイヤルミルクティー

《リーフ》

茶葉をあらかじめ熱湯に浸すことが、
最重要ポイントです。

1

茶葉を熱湯に浸す

耐熱容器に茶葉（カップ１杯分につきスプーン山盛り１杯、３ｇよりやや多め）をいれ、茶葉が浸る程度の熱湯をいれる。

2

ミルクと水を加熱

手鍋にミルクと水をいれて加熱。カップ１杯分につき、ミルクと水は100ccずつ（合計200cc）、１対１の割合で。

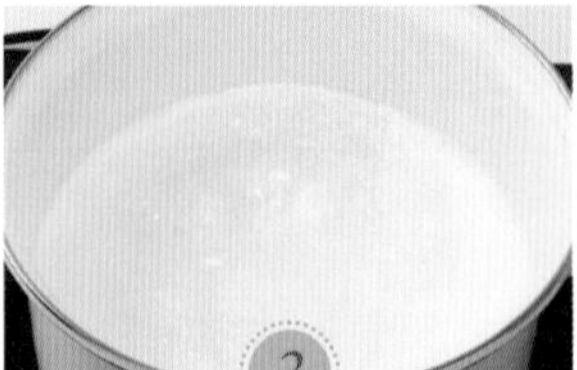

3

ミルクと水を温める

手鍋のミルクと水の表面全体に泡が出たら、沸騰直前に火を止める。

4

茶葉をいれる

火を止めて、浸しておいた茶葉を液体ごと手鍋にいれる。茶葉をすべていれた後、軽く混ぜる。

Point

リーフでロイヤルミルクティーをおいしくいれる

- ミルクと水は１対１の割合が基本
- １杯分の茶葉は、ティースプーン山盛り１杯（3gよりやや多め）。ストレートティーより多めに量ること
- 茶葉はあらかじめ熱湯に浸すことで抽出力UP
- 浸した茶葉は液体ごと加え、３～４分蒸らす

フタをして蒸らす

フタをして、マットの上で３～４分蒸らす。蒸らし時間はストレートティーよりも長めに。

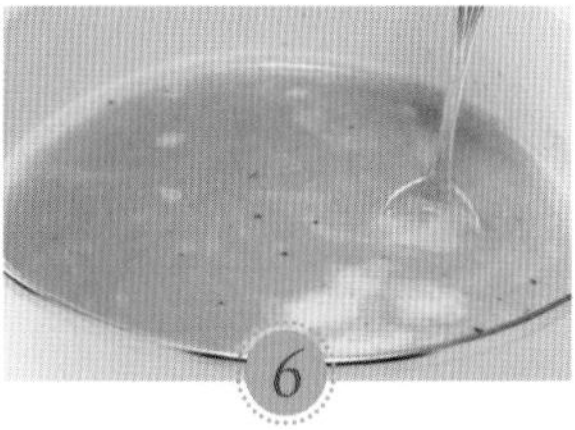

手鍋の中を軽く混ぜる

蒸らした後、水色の濃さが均一になるように、手鍋の中を軽く混ぜる。

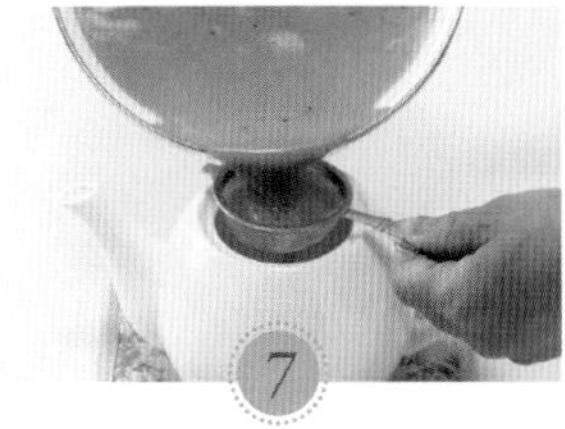

ポットに注ぐ

ティーストレーナーでこしながら、温めておいたポットに注ぐ。

カップに注ぐ

カップに注ぎいれる。好みで砂糖を加えるとさらにコクが出るので試してみて。

ロイヤルミルクティー

《ティーバッグ》

杯数分＋1袋のティーバッグで、
紅茶感UPのリッチテイストに。

ティーバッグを熱湯に浸す

耐熱容器にティーバッグ（杯数分＋１袋）をいれ、ティーバッグが浸る程度の熱湯をいれる。

ミルクと水を加熱

手鍋にミルクと水をいれて加熱。カップ1杯分につき、ミルクと水は100ccずつ（合計200cc）、１対１の割合で。

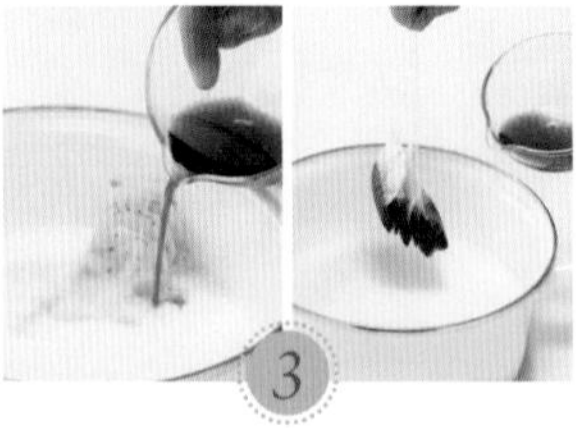

ティーバッグをいれる

ミルクと水は沸騰直前に火を止め、浸しておいたティーバッグを液体ごと手鍋にいれる。

フタをして蒸らす

フタをして、マットの上で３～４分蒸らす。蒸らし時間はティーバッグのストレートティーよりも長めにする。

Point

ティーバッグでロイヤルミルクティーをおいしくいれる

- ミルクと水は1対1の割合が基本
- ティーバッグの個数は、杯数分＋1袋に
- ティーバッグはあらかじめ熱湯に浸しておく
- 浸したティーバッグは液体ごと加え、3～4分蒸らす
- ティーストレーナーでこすとなめらかな舌ざわりに

5

ティーバッグを引き上げる

ティーバッグをゆっくり引き上げ、水色の濃さが均一になるように、手鍋の中を軽く混ぜる。

6

ポットに注ぐ

温めておいたポットに、ミルクの膜を取り除くため、ティーストレーナーでこしながら注いでいく。

7

カップに注ぐ

リーフでいれたものと変わらない味わいのロイヤルミルクティーの完成。

おいしいいれ方 5

アイスティー

《リーフ》

短い蒸らし時間でギュッと抽出して一気に冷やせば、
透明感のあるアイスティーに。

2倍の濃さのホットティーをつくる

ポットに茶葉（1杯分につきティースプーン1杯）をいれて熱湯（100cc）を注ぎ、2倍の濃さのホットティーをつくる。

茶葉を蒸らす

ポットにフタをして蒸らす。蒸らし時間は約90秒で、ホットティーの蒸らし時間の約半分。

軽く混ぜる

水色の濃さが均一になるように茶葉を軽く混ぜる。混ぜすぎると余分な渋みが出るので注意する。

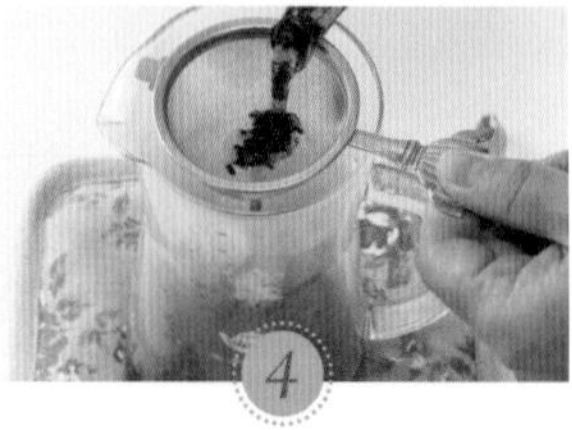

別の容器に移す

ティーストレーナーを使って別のポット、あるいは耐熱容器などに注ぐ。

Point

リーフでアイスティーをおいしくいれる

- 2倍の濃さのホットティーをつくる
- グラス1杯分（茶葉3g）に対し、熱湯の量は100cc
- 蒸らし時間は約90秒。リーフのホットティーの約半分
- 甘みをつける場合は、グラスに注ぐ前の紅茶が熱い段階で多めのグラニュー糖をいれて、よく溶かしておく

5 グラスに氷をいれる

砕いた氷をグラスにたっぷりいれる。氷の分量はグラスの口からあふれない程度に。

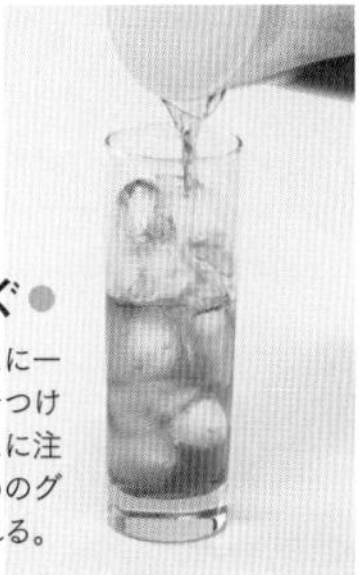

6 紅茶を注ぐ

熱い紅茶をグラスに一気に注ぐ。甘みをつける場合は、グラスに注ぐ前に紅茶に多めのグラニュー糖をいれる。

7 マドラーで混ぜる

マドラーで軽く混ぜて完成。コースターの代わりに、レースペーパーをのせたティーソーサーを使ってもおしゃれ。

おいしいいれ方 6

アイスティー

《ティーバッグ》

透明感のある本格アイスティーが、
ティーバッグで手軽につくれます。

2倍の濃さのホットティーをつくる

茶葉の分量を2倍にするのではなく、氷が溶けることを考えてお湯の量を半分にし、グラス1杯分につき100ccの熱湯を注ぐ。

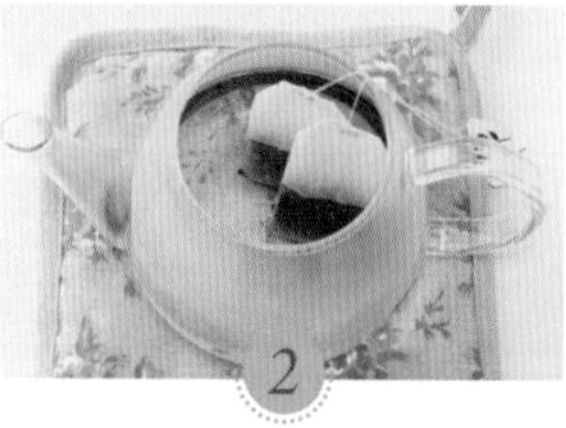

ティーバッグをいれる

ティーバッグをポットのふちから静かにいれて沈める。写真はグラス2杯分をつくるために、ティーバッグを2袋使用。

茶葉を蒸らす

ポットにフタをして茶葉を蒸らす。蒸らし時間は約1分。長すぎると風味に透明感がなくなる。

そっと引き上げる

蒸らした後、全体になじませるようにティーバッグを軽く振ってからそっと引き上げる。

Point

ティーバッグでアイスティーをおいしくいれる

- 2倍の濃さのホットティーをつくる
- グラス1杯分（ティーバッグ1袋）につき、熱湯の量は100cc
- 蒸らし時間は約1分。ホットティーより短時間で
- 甘みをつける場合は、グラスに注ぐ前の紅茶が熱い段階で多めのグラニュー糖をいれて、よく溶かしておく

7

マドラーで混ぜる

マドラーで軽く混ぜて完成。氷が溶けて味が薄まった場合は、紅茶を追加でいれてもよい。

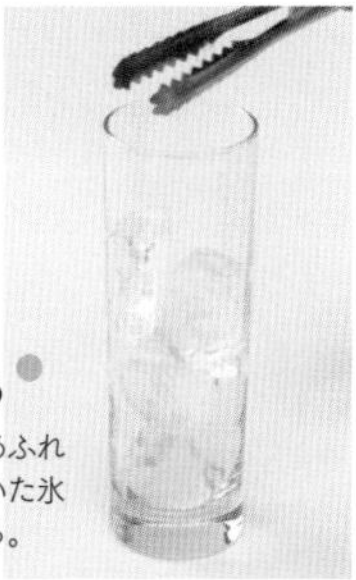

5

グラスに氷をいれる

グラスの口からあふれない程度に、砕いた氷をたっぷりいれる。

6

紅茶を注ぐ

紅茶をグラスに注いで一気に冷やす。甘みをつける場合は、注ぐ前に紅茶に多めのグラニュー糖をいれる。

おいしく紅茶を飲むために

レモン・砂糖・ミルクの使い方

レモン・砂糖・ミルクを加えて
自分好みの風味に。

Iced tea

How To レモンの加え方

ホットの場合

軽くかき混ぜてすぐに取り出す。これで十分風味づけされる。取り出したレモンはカップの後ろ側に置くのがマナー。

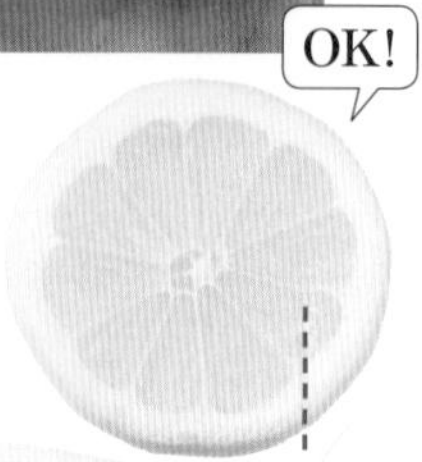

アイスの場合

レモンの筋に合わせず、直角に切れ目をいれてグラスのふちに立てると、安定感があり、華やかに見える。

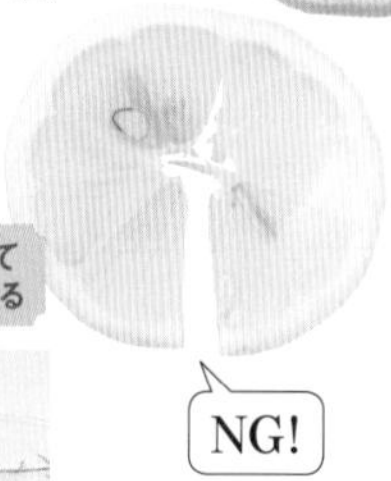

× 筋に沿って切れ目をいれる

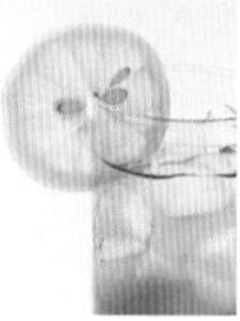

レモンの筋に沿って切れ目をいれてしまうと、レモンはきれいに立たない。

Hot tea

How To 砂糖のいれ方

最適なのはグラニュー糖か角砂糖。特にグラニュー糖は溶けやすくてどんな茶葉にも合い、ミルクティーならミルクのまろやかさを一層引き立たせる。

●グラニュー糖

●角砂糖

How To ミルクのいれ方

ミルク・イン・アフター（紅茶が先）

カップに紅茶を注いだ後、ミルクを加える。ミルクは温めず使用。ミルク・イン・ファーストより味わいの調節がしやすい。

③

紅茶を注ぎきった状態。ミルク・イン・ファーストは、ミルク・イン・アフターより、まろやかな味わいに。

ミルク・イン・ファースト（ミルクが先）

①

カップに先にミルクをいれる。ミルクは冷たいままで。

②

ミルクをいれたカップに、紅茶を少しずつ注いでいく。

茶葉について知っておきたいこと

1

紅茶・緑茶・ウーロン茶の違い

紅茶・緑茶・ウーロン茶、
もともとは同じ茶の木が原料です。

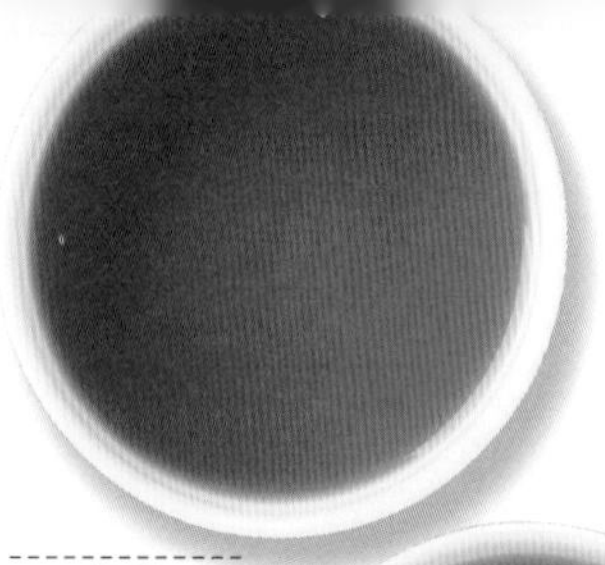

紅茶

摘んだ葉をしおらせて機械にかけて揉むことで酸化を促進させ、最終工程で熱を加えて酸化を止めるのが紅茶。

ウーロン茶

製茶工程の途中の段階で熱を加えて、酸化を停止させるのがウーロン茶。

緑茶

摘んだ直後の生葉に熱を加え、製茶工程の最初の段階で酸化を停止させるのが緑茶。

紅茶、緑茶、ウーロン茶は、同一の木の葉からつくられます。

これらの茶葉の違いを簡潔にいうと、葉の中に含まれる酸化酵素の働きを十分に活性化させて製茶されるのが紅茶、酸化酵素の働きを途中で止めて製茶されるのがウーロン茶、葉を摘み取った後すぐに酸化酵素の働きを止めて製茶されるのが緑茶です。

茶の木は、学名を「カメリア・シネンシス」といい、品種は、アッサム種と中国種に大別されます。一般的にアッサム種は紅茶向き、中国種は緑茶向きといわれています。

茶葉について知っておきたいこと

2

茶葉のグレード

グレードとは茶葉のサイズのことですが、一部例外も見かけます。

「グレード（等級）」というと、茶葉の良し悪しのことと思いがちですが、そうではありません。茶葉のグレードとは、茶葉のサイズ（形状）の単位のことをいいます。

そのひとつに、「オレンジ・ペコー（ＯＰ）」というのがあります。これは大型茶葉のことをいいますが、ときどき茶葉のサイズのほかに、紅茶の銘柄として使われている場合があります。かつて良質なセイロン紅茶を「オレンジ・ペコー」と呼んでいた名残から来るもので、細かいサイズの茶葉が入ったティーバッグ製品などがそれにあたります。この場合のオレンジ・ペコーは、「クセがなく、飲みやすい紅茶」と思っていただくとよいでしょう。

茶葉のグレードは細かく分類されますが、国際的な統一基準があるわけではなく、国や産地などによっても多少の違いがあります。

《代表的なリーフグレード》

OP（オレンジ・ペコー）
針状の長い葉で、芯芽（ティップ）を含み、強い香味をもつ。

P（ペコー）
OPよりも短く、葉は太めでよく揉まれている。

BP（ブロークン・ペコー）
BOPよりやや大きく、形も扁平なものが多い。

BOP（ブロークン・オレンジ・ペコー）
よく揉まれた茶葉で、需要ももっとも多い。

BOPF
（ブロークン・オレンジ・ペコー・ファニングス）
BOPよりさらに細かく、抽出力も早いためブレンドに多用される。

F（ファニングス）
BOPFをさらにふるい分けたもの。Dよりは大きい。

D（ダスト）
葉のサイズがもっとも小さいもの。

茶葉について知っておきたいこと

3 クオリティーシーズン

一年でもっとも香りも味わいも充実する、最高のシーズン。

紅茶は基本的に一年を通じて生産されますが、その中でも、特によい茶葉が採れる季節のことを「クオリティーシーズン」といいます。このクオリティーシーズンは国や産地によって異なり、香りや味も変化します。例えばインドでは、収穫時期によってクオリティーシーズンが分かれており、「ファーストフラッシュ（春摘み）」と「セカンドフラッシュ（夏摘み）」はその代表です。一方スリランカでは、山岳地帯の西側にあるディンブラは1〜3月、東側にあるウバは7〜9月と、逆になります。

スリランカの茶摘み風景

クオリティーシーズンカレンダー

産地／月	スリランカ			インド	
1	ヌワラエリヤ	ディンブラ		ニルギリ	
2	ヌワラエリヤ	ディンブラ		ニルギリ	
3		ディンブラ		ダージリン・ファーストフラッシュ	
4				ダージリン・ファーストフラッシュ	
5				ダージリン・セカンドフラッシュ	アッサム・セカンドフラッシュ
6	ヌワラエリヤ			ダージリン・セカンドフラッシュ	アッサム・セカンドフラッシュ
7	ヌワラエリヤ	ウバ	ウダプセラワ		
8		ウバ	ウダプセラワ		
9		ウバ	ウダプセラワ		
10					ダージリン・オータムナル
11					ダージリン・オータムナル
12					

※その年によって、クオリティーシーズンは若干前後する。
出典：『紅茶の保健機能と文化』

茶葉について知っておきたいこと

4

紅茶の形態の違い

目的や状況によって楽しみ方もさまざまです。

リーフ

味わいだけでなく、茶葉がゆっくりと開いていく過程も楽しめる。

ティーバッグ

短い時間で色・味・香りが抽出されるよう、特別な製法でつくられているものが主流。

パウダー

熱湯を注いでかき混ぜるだけ。便利で手軽なのがポイント。

日本の紅茶市場の中でもっとも需要が高いのは、ティーバッグです。

リーフティーの消費量は年々減少傾向ですが、それに代わって増えているのがパウダーティーです。

熱湯を注いでかき混ぜるだけのパウダーティーは、簡単な上、携帯もしやすいため、若い人たちを中心に人気があります。味わいも豊富になりました。

手軽に楽しめるパウダーティー、茶殻の処理がラクなティーバッグ、ゆっくり味わえるリーフティー、紅茶はさまざまな形態で楽しむことができます。

茶葉について知っておきたいこと

5

茶葉に含まれる成分

紅茶には、体のためになるさまざまな成分が多く含まれています。

ヨーロッパ人がはじめて茶に関する情報を書物に記したのは、１５５９年ラムージオによる『航海と旅行』といわれています。

熱病、頭痛、胃の痛みなどに効く「チャイ」という飲み物が中国では飲まれているということを、ペルシャ商人から聞いたそうです。

その後、１６５０年代にイギリスのコーヒーハウスで紹介された茶も、ポスターや広告には茶があらゆる病気に効く飲み物だということが書き連ねられたそうです。人々は、経験的に茶の健康への関わりを実感していたのかもしれません。

最近ではさまざまな研究が行なわれ、紅茶のもっている抗酸化作用の効果や、血管・血液の健康への好影響なども紹介されています。

体にいいといわれる食材はたくさんありますが、紅茶はいつでもどこでも手軽に味わえる、一日何回飲んでも飽きがこない、食事にもお菓子にも合う、毎日の食生活に気軽に取りいれることができる、さらに継続しやすいのが大きな利点です。

心と体に働きかける紅茶の成分

Effect 1
高い抗酸化作用
—紅茶ポリフェノール—

紅茶ポリフェノールは、病気や老化の原因となる活性酸素の害を防ぐ抗酸化物質。活性酸素を抑え、健康維持に貢献する注目の成分。

Effect 2
血管の健康維持
—紅茶ポリフェノール—

紅茶ポリフェノールには、血管の健康に役立つ働きがある。血管の老化や動脈硬化などを防ぐ働きや、血液をサラサラにする効果も期待できる。

Effect 3
インフルエンザ予防
—紅茶ポリフェノール—

紅茶ポリフェノールの中に含まれるテアフラビンには、ウイルスの殺菌効果がある。紅茶でうがいをすることで、ウイルスを体内に入りにくくすることが期待できる。

Effect 4
リラックス&集中力アップ
—テアニン—

テアニンはアミノ酸の一種で、茶特有の成分。摂取すると脳にα波が発生、気持ちがリラックスして頭がすっきりするので、集中力もアップするはず。

Effect 5
脂肪燃焼を促進
—カフェイン—

カフェインを摂取した後、有酸素運動をすると、体内にある脂肪の燃焼が促されるといわれていることから、ダイエットにも効果が期待できる。

Effect 6
虫歯の予防
—フッ素—

フッ素はミネラルの一種で、歯のエナメル質を強くし虫歯を予防する働きがある。紅茶にも含まれているので、食後に無糖紅茶を飲むと効果があるとされる。

茶葉について知っておきたいこと

6

フレーバードティーとハーブティー

フレーバードティーとハーブティーの
違いを知りましょう。

フレーバードティーとハーブティーの違い

フレーバードティー

Flavored tea

乾燥茶葉に香料などを加えて香りづけした紅茶のことで、日本では「着香茶（ちゃっこうちゃ）」とも呼ぶ。

ハーブティー

Herb tea

ハーブを乾燥させて飲料用にしたものをいう。フレーバードティーとは異なり紅茶ではない。

アールグレイやアップルティーなどさわやかな風味の「フレーバードティー」と、ローズペタルなどの「ハーブティー」との違いは何か、ご存じでしょうか?

紅茶の茶葉に花やフルーツ、スパイスなどから抽出したオイルを茶葉に着香したものが「フレーバードティー」。これは「紅茶」です。

一方、ハーブティーは、ハーブの葉や茎を乾燥させて飲料用にしたもの。紅茶が混ざっていればフレーバードティーの仲間になりますが、ハーブのみであれば紅茶とは異なるものです。

さまざまなフレーバードティーとハーブティー

アールグレイ

ベルガモットの香りの紅茶アールグレイは、中国茶に着香したクラシックなものから、花やフルーツピールを混ぜた華やかなものまで、さまざまな種類がある。

「アール」は伯爵の意味。「グレイ伯爵」が好んだ紅茶ということから生まれた。

アールグレイ

アールグレイ
（花びらやフルーツピール入り）

クリスマスティー

クリスマスティーは、体が温まるスパイシーな味わいが特徴で、ヴィクトリア時代のイギリスで誕生した。

クリスマスティー

ハーブティー

ヨーロッパでは薬のひとつとして考えられているものもある。さまざまな種類があるが、飲みやすいようにミックスされているものも多く、紅茶にブレンドされている場合もある。ハーブティーは基本的に水色が淡く、カフェインを含んでいないので、寝る前のリラックスタイムにも適している。

ローズペタル

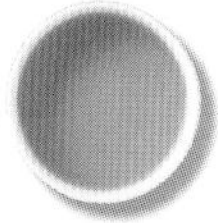

ローズペタルの水色

レモンバーベナ

ラベンダー

茶葉について知っておきたいこと

7

保存方法と賞味期限

紅茶は密閉容器にいれ、温度変化の少ない場所で保存しましょう。

イギリスのおいしい紅茶のいれ方5原則のひとつに、「Use good quality tea」という項目があります。

この「good quality」というのは、「良質」と訳すことができますが、保存状態のよい紅茶であるということも含まれています。

他の食品と同様、紅茶にも商品パッケージに賞味期限が表示されていますが、記載されている期限は、開封前の期限です。

一度開封したら、この期限とは関係なく、できれば3カ月以内に飲みきるようにしましょう。

紅茶は、香りがとても大切。フタを開けて、空気に触れる回数が増えれば増えるほど、紅茶の風味はどんどん損なわれてしまいますので気をつけましょう。

開封したリーフティー、紙包装のティーバッグ製品は、必ず密閉容器にいれて保存します。

紅茶は他の匂いを吸収しやすいので、フレーバードティーが入っていた缶の中に、別の紅茶をいれるのは避けましょう。

開封後は3カ月以内に

未開封であれば、商品に記載された賞味期限内に。一度開封したら、3カ月以内に使いきるようにする。

密閉容器で保存

開封した紅茶は、必ず密閉容器にいれて保存。密封性の高い缶やビンなどの容器にいれて保存する。また、ジッパーつき保存袋は中の空気をしっかり抜いて保存する。

保存場所にも配慮が必要です。温度変化が激しい場所は、品質劣化の原因となるため、レンジやオーブンの周辺、よく日がさす窓の近くには置かないようにしましょう。

冷蔵庫もNGです。温度変化が起こるのはもちろん、他の食品の匂いが移ってしまう可能性もあるからです。冷凍庫に関しては、結露して茶葉が台無しになってしまうことも考えられます。

紅茶の保存場所として最適なのは、キッチンやリビングの戸棚。ティーセットなどと一緒の場所がよいでしょう。

世界各国の紅茶の楽しみ方

世界中の人に飲まれている「紅茶」。
各国の楽しみ方を紹介します。

イギリス

国民的飲料として家庭で多く飲まれる

イギリス人にとって、紅茶はまさに国民的飲料です。イギリスでの紅茶の楽しみ方はティーバッグが圧倒的に多く、全体の消費量の97%に及んでいます。また、その多くが、ミルクティーで飲まれており、濃いめの紅茶に好みの量のミルクを注ぐ飲み方が定番かつ、家庭での消費の中心です。

ここ数年では、健康意識の高さから甘いお菓子を控えるために、紅茶に甘い香りをつけた商品が増えてきました。また、若い人たちの中には「いつもの紅茶より特別な紅茶」を求める人が多くなり、価格の高い紅茶の需要拡大という新たな展開もあるようです。

スリランカ

朝のティータイムを重んじミルクティーが主流

イギリス人によって茶園が開拓され、長い間イギリスの植民

参考：UK Tea & Infusions Association

地だったこともあり、紅茶を飲む習慣は根づいています。そのためイギリスのティータイムと共通している部分も多くあります。

多くのスリランカ人が重んじるティータイムに、朝の紅茶があります。家族がいれてくれる家もあれば、自分で用意する場合もあり、ミルクティーが主流です。

ミルクは液体のものではなく、粉末ミルクをお湯で溶かして使用することが多いとされます。また、暑い国ですが、アイスティーを飲む習慣はあまりないようです。

インド

家庭でも職場でもティータイムがある

インドは、世界最大の紅茶生産国ですが、国内の総消費量も世界トップクラス。インドの人々は紅茶を楽しむことを習慣化しています。家庭では最低でも一日2杯、職場でも同様にティータイムが設けられています。

日常的に飲まれている紅茶は、細かい茶葉を使って煮出し、その中にミルクとスパイスをいれた「チャイ」。濃くてまろやかな味はインド人にとって欠かせないもの。使われるスパイスはジンジャーやカルダモンなどが多いですが、どのスパイスを使うかは、各家庭やお店により異なるようです。

中国

茶の種類は多いが多く飲まれているのは緑茶

中国では、茶は色により6種類に分類されていますが、中でも割合が圧倒的に高いのは緑茶。人々はもち運び用のボトルに茶葉をいれてお湯を注ぎ、その状態でもち歩きます。中のお湯がなくなると出先でまたお湯をもらい、同じ茶葉で一日何杯も茶を飲むのです。

茶の種類が多いため、また広大な国らしく飲み方も各地方によりさまざま。茶館もあちこちにあり、人との交流は茶を飲みながら行なわれるのが、習慣となっています。

ロシア

本場のロシアンティーはジャムをなめながら紅茶を飲む

ロシアの紅茶で思い浮かべるのは、金属製の湯沸かし器「サモワール」ですが、現在ではサモワールを用いて紅茶を楽しむ様子はほとんど見られなくなり、他国同様、ティーポットを使うのが一般的です。国内の総消費量は極めて高く、日常的にもよく飲まれていることがわかります。

「ロシアンティー」というと、紅茶にジャムを加えて飲むスタイルで知られていますが、実際のロシアではジャムは紅茶にいれずに、なめながら紅茶を飲むことが多いようです。

Part 2

茶葉で巡る世界の産地

紅茶は30カ国以上で生産されています。
おもな産地と代表的な茶葉の特徴を知り、
選ぶ楽しみを広げましょう。

紅茶の味や香りは産地で決まる

世界の紅茶の産地

紅茶を生産している国は
全世界で30カ国以上にものぼります。
紅茶の種類は基本的に産地で分けられていますが、
各地域の土壌や気候により、
特色豊かな多くの紅茶が生産されています。
ここでは、おもな生産国と、
その茶葉をご紹介します。

日本

香り高く、やわらかな香味の「和紅茶」として注目されている。

→P90

中国

茶の発祥国。緑茶を中心に、世界トップの茶の年間生産量を誇る。

→P86

インドネシア

おもな生産地はジャワ島西部。20世紀後半から生産量が高まった。

→P95

イギリス

生産国ではないが、21世紀に入りごく少量栽培されている。

ネパール

インドのダージリンに近い、ヒマラヤ山麓地帯の東側でおもに生産。

→P96

トルコ

黒海に面した北東部がおもな産地。20世紀に入って、生産を開始。

→P97

バングラデシュ

紅茶の生産がはじまったのは19世紀。北部を中心に生産。

→P97

ケニア

近年、世界有数の紅茶生産国として急成長している注目の産地。

→P89

タンザニア

南部高原地帯、北東部などで生産。ティーバッグ用の茶が中心。

→P89

インド

世界最大級の生産国のひとつ。北東部と南部で特徴が分かれる。

→P78

マラウイ

19世紀後半に生産開始。ティーバッグ用の茶葉をおもに生産。

→P89

スリランカ

日本に輸入される約半分がスリランカ産。標高により分類される。

→P70

ベトナム

以前は緑茶が主流だったが、近年は紅茶が増産傾向にある。

→P96

世界30カ国以上で生産

数字で見る紅茶の傾向

生産量や輸出量など、
数字から各産地の紅茶の
傾向が見えてきます。

中国が発祥とされる茶は、今日では、30カ国以上で生産されています。全世界で生産される「茶」の総量は、年間650万トン近くで、その半数以上は紅茶が占めています。

紅茶の産地といえば、インドやスリランカ、中国、インドネシアなどが有名です。これらの国の多くの産地は、赤道と北回帰線との間におもに分布しています。

日本でも紅茶は生産されていますが、生産量よりも輸入量のほうが圧倒的に多い国です。その分、世界のさまざまな紅茶を楽しめる状況にあるともいえるでしょう。

【日本】紅茶のおもな輸入先（2021年）

1	スリランカ	6,995,515kg
2	インド	3,812,818kg
3	ケニア	3,466,578kg
4	インドネシア	1,420,632kg
5	マラウイ	651,380kg

出典：日本紅茶協会「紅茶統計」

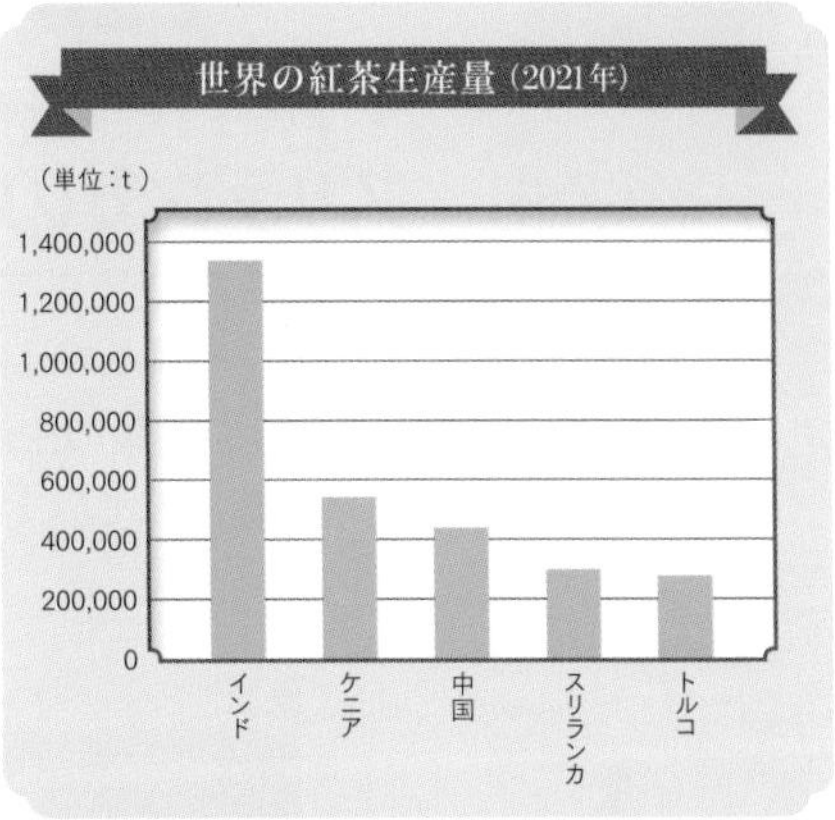

出典：International Tea Committee統計資料、日本紅茶協会「紅茶統計」を用い集計

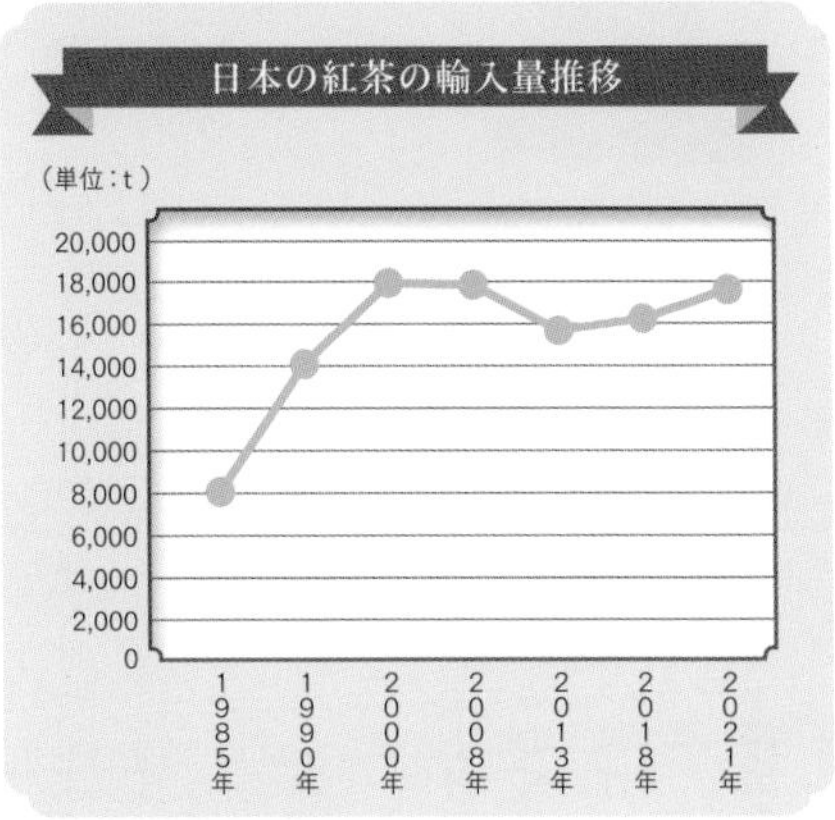

出典：日本紅茶協会「紅茶統計」

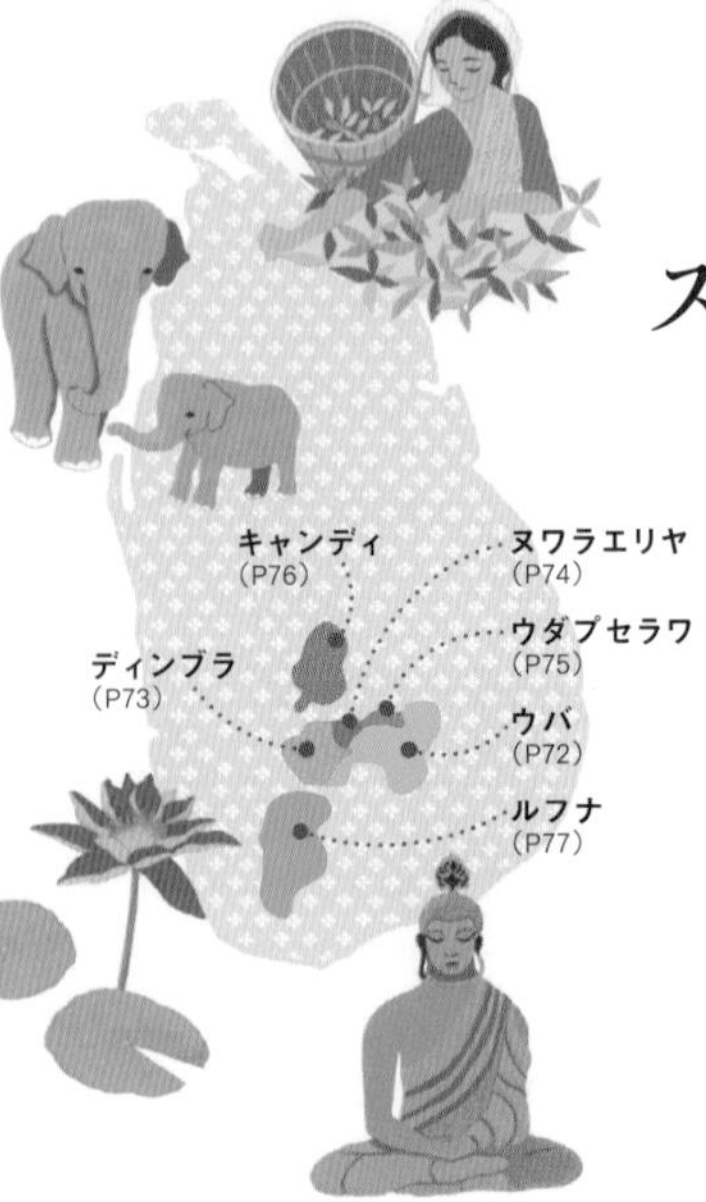

標高によって3つに分類される

スリランカの紅茶

山岳地帯を中心に、
一年中茶葉の生産が
行なわれています。

ディンブラの茶園

コーヒー産業に代わり紅茶産業が発展

インドの南に浮かぶ島国スリランカは、世界有数の紅茶産地です。北海道より少し小さい国土で、かつては「セイロン」とよばれていました。

現在でもセイロン紅茶と呼ばれることもあるスリランカの紅茶産業は、１８６０年代にスタートしました。

それまでは、コーヒー産業が盛んでしたが、コーヒーの木が枯れてしまう「サビ病」が蔓延し、コーヒー栽培は崩壊します。

スリランカの3つの区分

1 標高1200m以上 ハイグロウンティー（高地産）

標高の高い地域で栽培される茶葉は、昼夜の寒暖の差が激しいため、優れた香味成分をもった香り高い紅茶が産出される。

●代表産地

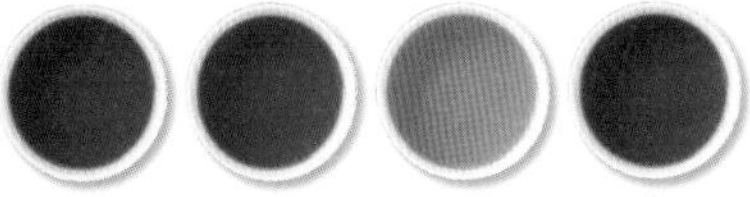

ウバ　ディンブラ　ヌワラエリヤ　ウダプセラワ

2 標高600〜1200m ミディアムグロウンティー（中地産）

水色はしっかりとした濃いめの色合いだが、味わいは穏やかで渋みも控えめ。マイルドな味わいが特徴。

●代表産地

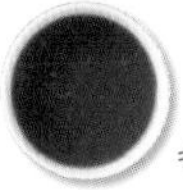

キャンディ

3 標高600m以下 ローグロウンティー（低地産）

濃いめの水色とコクのある芳醇な味わいで、香ばしさのあるまろやかな香味が特徴。中東で人気があり、生産量も多い。

●代表産地

ルフナ

これに代わって紅茶が新たな産業として、大きく発展したのです。

スリランカの紅茶栽培地域は、標高によって3つに分類されています。

日本では、ハイグロウンティーが多く紹介されていますが、実際の生産量はローグロウンティーが圧倒的に多くローグロウンティーは中東での人気が高いようです。

また、最近では緑茶製造も行なっています。特に高地の中でもさらに標高の高い地域で栽培される茶葉は、緑茶用のものもあり、市場でも緑茶は珍しくなくなってきました。

スリランカの紅茶①

ウバ

Uva

爽快な渋みとやわらかなコクが
特徴の、世界三大紅茶のひとつ。

ウバ

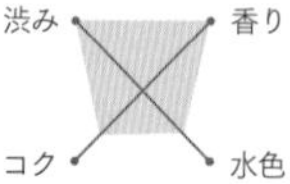

産地について

●収穫時期

通年

●製造方法

ほぼオーソドックス製法

リプトン紅茶の創始者であるトーマス・リプトン氏がスリランカに渡り、紅茶栽培に乗り出したのはこのウバ地区からでした。

ウバは、スリランカのもっとも標高が高い山岳地帯の東側に位置しています。

モンスーンの期間、この地域に7〜9月頃に訪れる乾季がクオリティーシーズンで、爽快な香りと渋みを放つ茶葉が生産されます。

この時期以外に生産される紅茶は、コクと渋味のバランスに優れた香味で、生産は年間を通して行なわれています。

Point

**さわやかな香りと
キレのある渋みをもつ紅茶**

クオリティーシーズンの紅茶は、ウバフレーバーと呼ばれるメントール系の独特のさわやかな香りをもつ。茶葉は茶褐色で、水色は明るい真紅色から橙色。キレのある渋みの中に、やわらかなコクが広がる。ストレートティーで飲むと、より一層香りや渋みを楽しめる。

Sri Lanka

スリランカの紅茶②

ディンブラ

Dimbula

香味バランスに優れた紅茶を栽培する、風光明《めい》媚《び》な紅茶産地。

ディンブラ

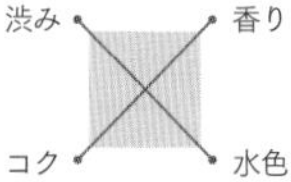

アイス　ミルク　ストレート

産地について

●収穫時期

通年

●製造方法

ほぼオーソドックス製法

「紅茶らしいホッとする味わい」を華やかに味わえるのが、このディンブラ産の紅茶です。

深い渓谷や大きく連なる山並みのあちこちに紅茶が栽培されているディンブラ地区の紅茶は、1～3月に香味の優れたクオリティーシーズンを迎えます。

この時期に生産された紅茶は、爽快さを放つ渋みとやわらかなコクのある優雅な香りが特徴。年間を通じて生産される紅茶も、私たちが紅茶らしいと感じる香味バランスに優れた味わいです。

ハイグロウンティーの中ではもっとも生産量が多い地域です。

Point

香味バランスに優れたスタンダードな紅茶

優雅で芳醇な香りと、マイルドな味わいが特徴で、香味のバランスに優れている。茶葉は明るい褐色や黒褐色が中心で、水色は赤褐色から橙褐色と明るい。クオリティーシーズンに摘まれた茶葉は、より一層香りや渋みの強さを増す。飲み方を選ばない、オールマイティーな紅茶。

Sri Lanka

スリランカの紅茶③

ヌワラエリヤ

Nuwara Eliya

避暑地で育まれる、デリケートなやさしさをもった香味。

ヌワラエリヤ

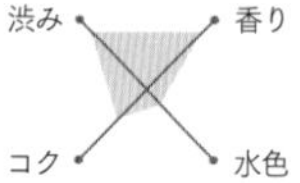

産地について

●収穫時期

通年

●製造方法

ほぼオーソドックス製法

ヌワラエリヤは最も標高が高く、19世紀にイギリス人によって開発が進められ、避暑地として発展してきた町です。町のあちこちに、イギリスを思わせる建物が多く、人気のリゾート地でもあります。

年2回モンスーンの影響を受ける1〜2月と6〜7月頃に品質の優れた紅茶が生産されます。

他の地域の紅茶との大きな違いは、酸化発酵の工程を短く設定している工場が多く、そのため水色が淡く、緑茶に似た香りを放ちます。やわらかなコクとやさしい香りが特徴です。

Point

高地特有の気候が生み出す香り豊かな紅茶

茶葉は明るい褐色で、水色は淡くてオレンジにやや近い色。高地産ならではの、豊かな香りが特徴。緑茶のような爽快な渋みがあり、なによりも花や果物のような豊かな香りが風味をより一層引き立たせる。香りを楽しむことが大切な紅茶なので、ストレートティーで飲むのがベスト。

Sri Lanka

スリランカの紅茶④

ウダプセラワ

Uda Pussellawa

ウバ地区からヌワラエリヤへと連なる、最近話題の紅茶産地。

ウダプセラワ

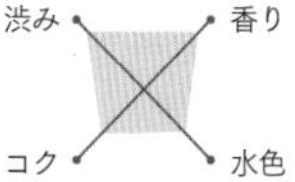

産地について

●収穫時期

通年

●製造方法

ほぼオーソドックス製法

ウバと同じように、7〜9月頃に良質な茶葉が生産されますが、ウバよりも少し落ち着いた香味のやわらかな味わいを楽しめます。

また、ヌワラエリヤに隣接した地域では、ヌワラエリヤによく似たタイプの紅茶が産出され、同じ地域の中にあっても、バラエティに富んだ紅茶が産出される地域でもあります。

日本の市場ではまだ珍しい存在ですが、今後少しずつ飲む機会が増えてくるかもしれません。

Point

花や果物の香りをストレートやミルクティーで楽しむ

茶葉はやや明るい茶褐色で、水色は淡い褐色から赤褐色。さわやかで締まった渋みと、花や果物のような香りをもつ。季節や地域によって、ウバの品質に近いものと、ヌワラエリヤの品質に近いものに分かれるのが特徴。ウバやヌワラエリヤのように、ストレートやミルクティーで楽しみたい。

Sri Lanka

スリランカの紅茶⑤

キャンディ

Kandy

穏やかでクセのない味わいは、
どんな飲み方にも適しています。

キャンディ

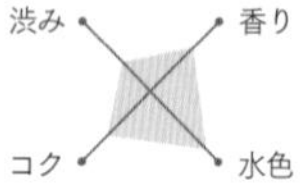

アイス　ミルク　ストレート

産地について

●収穫時期

通年

●製造方法

オーソドックス製法
CTC製法

キャンディには、釈迦の歯を祀っている仏歯寺があり、街全体が世界遺産に登録されているスリランカの古都として、観光客にも人気があります。

紅茶栽培をしている地域は、町を抜けて周辺の地域に連なり、標高もそれほど高くないため気温も温暖です。そのため、水色が濃いわりに、味わいはマイルドで、ハイグロウンティーと比較すると渋みがあまり感じられません。

ブレンドに使用されることが多く、単独で味わう機会は多くはありません。クセもなく、飲み方も各種楽しむことができます。

Point

**香り渋みともマイルドで
ブレンドで楽しむのが最適**

茶葉はやや黒みを帯びた褐色で、水色はやや濃い赤色をしている。標高が600m以上の地域で茶葉が栽培されるため、香り、渋みともクセがなく、マイルドな奥行きをもった味わいが特徴。クセのなさを活かして、他の茶葉とブレンドするのが最適で、バリエーションに富んだ飲み方ができる。

Sri Lanka

スリランカの紅茶⑥

ルフナ

Ruhuna

アッサムを思わせる深いコクと、ふくよかな味わいがあります。

ルフナ

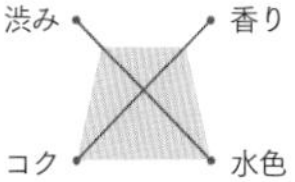

アイス　ミルク　ストレート

産地について

●収穫時期

通年

●製造方法

オーソドックス製法

ルフナとは、特定の場所を指すのではなく「南」を意味し、カルタラ、ゴール、マータラが該当します。

標高600m以下で栽培されるローグロウンティーは、スリランカ紅茶生産の半数以上を占めています。

昼夜の気温差もハイグロウンほど大きくなく、葉の大きいアッサム種系の茶樹が多く栽培されています。

口に含むと甘みを感じ、渋みはそれほど強くありません。

ミルクティーにして楽しむことを好む人が多いのも特徴です。

Point

コクと甘みがあり ミルクティーがおすすめ

茶葉の色は黒色から黒褐色で、水色は濃い赤褐色をしている。発酵の度合いが高く、とても芳醇な香りがあり、また、水色の濃さとは裏腹に、渋みはあまり強くなく、アッサム系のように程よいコクと甘みがある。ストレートで飲むよりも、ミルクとの相性が抜群によい。

多彩な紅茶を産出する国

インドの紅茶

個性豊かな香味の
紅茶を産出する、
世界最大級の紅茶の産地。

ダージリンの茶摘み風景

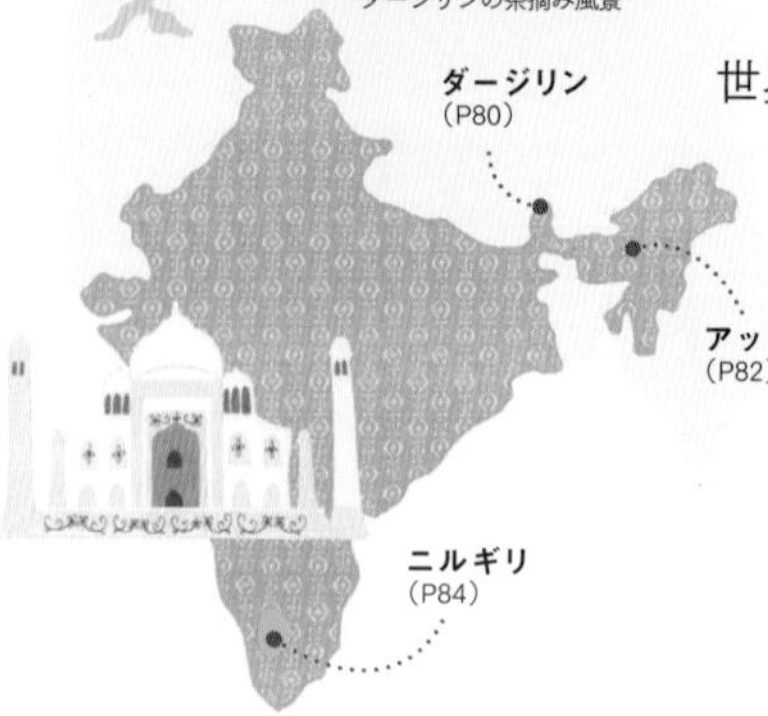

ダージリンの茶園

写真提供：日本紅茶協会

北東部と南部に紅茶の生産地は集中する

インドは世界最大級の紅茶産地です。栽培は北東インドと南インドに大きく分かれており、国土が広大なだけあって２つの産地の気候は大きく異なり、そのため、同じ国でありながら個性が異なる多彩な紅茶を産出しています。

アッサム地方で野生の茶樹が発見されたのは、１８２０年代前半のこと。

その後、当時インドを植民地としていたイギリスのインド総督・ベンティンク卿により茶に関する

インドの地域による違い

1 北東部の紅茶

《 高地　ダージリン 》
標高500〜2000mの山の急斜面に茶園が広がる。

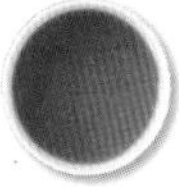
ダージリン（スタンダード）

ダージリン ファーストフラッシュ

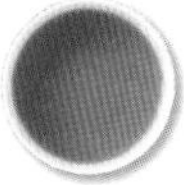
ダージリン セカンドフラッシュ

《 低地　アッサム 》
多雨で高温多湿の地域に産地が広がる。

アッサム（スタンダード）

アッサム セカンドフラッシュ

2 南部の紅茶

《 ニルギリ 》
日中の日差しは強烈だが、年間を通して快適な気候。

委員会が結成され、茶の栽培や開発が進められました。

そしてその後、アッサム紅茶が、はじめてロンドンのオークションに登場したのです。

当時、イギリスは国内の紅茶需要の急激な増加に対応するために、中国以外の紅茶栽培地を探しており、中国と気候風土や地形が似ている場所としてダージリンとニルギリが選ばれました。

ダージリンでは1856年頃から、ニルギリでは1861年頃から紅茶栽培が開始されました。

India

インドの
紅茶①

ダージリン

Darjeeling

世界三大紅茶のひとつで、
世界各国で飲まれています。

産地について

●収穫時期　3〜11月

●製造方法　オーソドックス製法

ストレート

ミルク

アイス

スタンダード

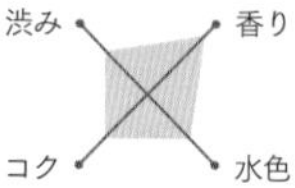

Point

格別の香りをもつ

香り立ちに優れたダージリン紅茶は、さわやかさとふくよかさの融合を感じさせる香りと、繊細で引き締まった渋みが特徴。

ダージリンは、収穫時期によって香味の特徴が異なるが、それをバランスよくブレンドすることでダージリン紅茶としてのキャラクターが生まれる。

ダージリンは、世界的にも有名な紅茶産地ですが、インドの全生産量のうちほんのわずかにしかならないのが実情です。

標高が高く、急な斜面に位置している茶園が多いため、茶園を拡張することが困難で、茶栽培の面積や生産量をなかなか増やすことができません。

少ない生産量ながらも世界的に知られているのは、他の産地にはない独特の高貴な香りを有した紅茶を産出するからで、その香りは「紅茶のシャンパン」とも呼ばれ、世界三大紅茶のひとつに掲げられています。

ファーストフラッシュ

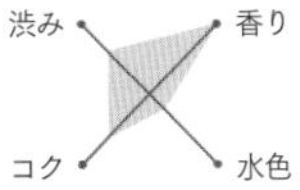

Point

瑞々しい味で飲みやすい

冬の休眠を終え、春になると芽吹く一番茶は、さわやかで青々とした香りが立ち上る独特の瑞々しさをもった味わいが特徴。「フラッシュ」とは芽吹くという意味。緑色から暗緑色の茶葉が混ざり、水色も緑茶ではないかと思うほどに淡いが、味わいはしっかりとしている。

セカンドフラッシュ

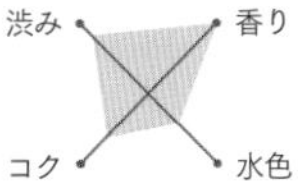

Point

香りも味わいも奥行きがある

ファーストフラッシュ収穫の後数週間ほどの小休止があり、この期間にゆっくりと成長した茶葉は、セカンドフラッシュとして収穫される。茶葉は緑がかった茶褐色、水色は明るい橙色。香りも味わいも深みを増し、「マスカテルフレーバー」と呼ばれる成熟した香りをもつものもある。

India

インドの紅茶②

アッサム

Assam

濃厚で力強い味わいは、
ミルクティーに最適です。

産地について

●収穫時期

3〜11月

●製造方法

ほぼCTC製法

インドで最初に紅茶栽培が行なわれたのが、このアッサム地方でした。

1823年頃、ビルマ（現ミャンマー）国境近くで自生している茶樹が発見されたといわれています（アッサム種）。茶樹を発見したのはブルース大佐。その弟が、アッサムのジャングルを開拓して、茶樹の栽培を試み、紅茶製造に尽力しました。その結果、1830年代にはじめてロンドンオークションにアッサム紅茶が上場され、その後、アッサムカンパニーが設立され、本格的な紅茶製造がスタートします。

ここで試みられたのは、大規模プランテーションによる紅茶栽培と、機械による紅茶製造でした。こうしてスタートしたアッサムでの紅茶栽培と製茶技術により、どんどん茶園が開拓されていったのです。高温多湿で年間降雨量が多いことでも知られているこの地域の紅茶生産量は、インド全体の約半数を占めています。アッサムの紅茶は、濃い赤褐色の水色。濃厚で力強い味わいが特徴。ミルクティーとの相性は抜群です。

スタンダード

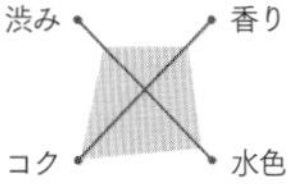

Point

ミルクティーで飲むのが最適

現地での生産量は、圧倒的にCTC茶が多いが、日本で紹介されているアッサムのリーフティーは、大きめのサイズのものが多い。濃厚で力強い味わいとどっしりしたボディ感のある紅茶は、たっぷりのミルクを加えて飲むのに最適。デイリーユースとしても重宝する。

セカンドフラッシュ

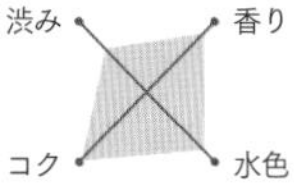

Point

まろやかな味をストレートで

アッサム紅茶は、良品になればなるほど、金色のティップ（新芽）が多いのが特徴。これが多く含まれている紅茶は、香りの立ち上り方が豊かになり、ザラつきのないまろやかな味わいになる。そのため、ストレートで楽しむのがおすすめだが、しっかり蒸らせば、ミルクティーとしても楽しめる。

India

インドの紅茶③

ニルギリ

Nilgiri

バランスのよい香味をもつ、
ブルーマウンテンを意味する紅茶。

ニルギリ

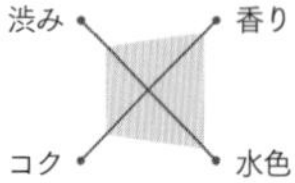

産地について

●収穫時期

通年

●製造方法

ほぼCTC製法

広大なインドの南側中央に、ガーツ山脈と呼ばれる山々が広がります。その山麓の丘陵地帯が、ニルギリ茶の産地です。ニルギリとは、現地の言葉で「青い山」を意味し、紅茶のブルーマウンテンともいわれます。

地理的にはスリランカに近く、気候も似ており、年間を通じて紅茶が生産されます。

北東インドのダージリンやアッサムのような個性的な香味の紅茶とは異なり、スリランカ産の紅茶に近い香味をもちます。クセのないマイルドな味わいが特徴で、さまざまな飲み方ができる紅茶です。

Point

**クセのない味わいで
気軽に楽しめる紅茶**

茶葉は明るい褐色で、水色は明るい赤褐色。すっきりとしたクセのない香りと、マイルドで爽快な味わいを楽しめる。スリランカのハイグロウンティーに香味が似ているが、ハイグロウンティーに比べ渋みが少なく、よりあっさりとしている。

シッキム
Sikkim

シッキムは、ネパールとブータンのちょうど間に位置しており、ダージリンの北側に位置する産地です。
　そのため、生産される紅茶もダージリンによく似た特徴をもちますが、ダージリンよりもやや渋みが抑えられた味わいです。年間生産量が少ないため、日本ではなかなか手にすることのできない紅茶のひとつです。

シッキム

ドアーズ
Dooars

ドアーズは、北東インドのダージリンとアッサムの間に細長く広がる紅茶生産地です。
　水色は濃い赤色をしていますが、香味はあっさりとしており、アッサムよりもマイルドな味わいです。ほとんどがCTC製法によるもので、国内向けのティーバッグの原料茶として使用されることが多い紅茶です。

ドアーズ

産地について

《ラプサンスーチョン》

●収穫時期

4～10月

《 キームン 》

●収穫時期

5～9月

《 雲南紅茶 》

●収穫時期

3～11月

数千年の歴史をもつ茶の発祥地

中国の紅茶

エキゾティックな香りを放つのが、中国の紅茶の魅力です。

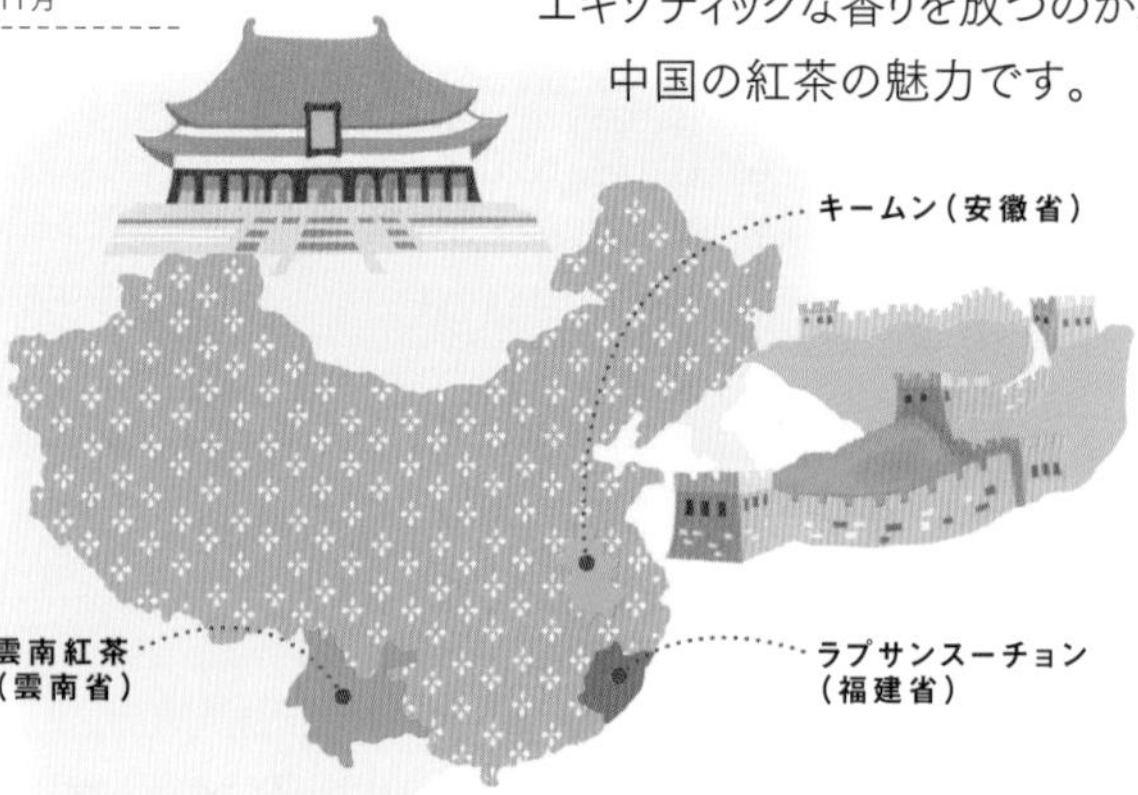

中国茶がヨーロッパに伝わり イギリスで支持を得る

中国は茶の発祥地とされ、その茶がヨーロッパに伝わったのは17世紀初頭とされます。特にイギリスで人気を博し、18世紀から19世紀にかけて、福建省《ふっけんしょう》にある武夷山で生産されたウーロン茶がイギリスへ輸出され、イギリス人に珍重されました。その後、安徽省《あんきしょう》祁門（キームン）へその製法が伝わりました。現在は、安徽省ではキームン、福建省ではラプサンスーチョン、雲南省《うんなんしょう》では雲南紅茶などの紅茶が生産されています。

China
中国の紅茶

ラプサンスーチョン

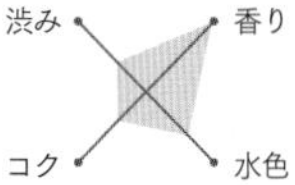

Point

スモーキーな味わいが特徴

ラプサンスーチョンは「正山小種」と表記されるが、この正山は武夷山のことを、小種は小さめな茶葉を意味する。渋みはそれほど強くはないが、強烈なスモーキーフレーバーは好みを左右することも。伝統的なアフタヌーンティーには欠かせない紅茶。

キームン

雲南紅茶

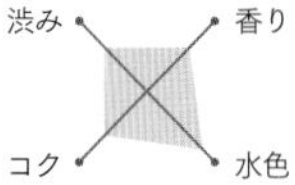

Point

アッサム紅茶に近い風味

プーアール茶で有名な雲南省は、優れた紅茶も産出している。

茶の生産は、3～11月にかけて行なわれ、雲南大葉種と呼ばれるアッサム系の茶葉からつくられる。インドのアッサム紅茶と似た味わいが特徴だが、アッサムほどの強さがなく、あっさりしている。

キームン

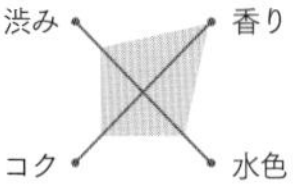

Point

渋みが少なくエキゾティックな香り

生産時期は5～9月頃と、一年の半分にも満たない短い期間。よくよられた針金状の細長い茶葉は黒っぽい外観をしており、水色は深みのある赤褐色。渋みも少なく、口の中で丸まるような味わいをもつ。エキゾティックな香りは、ランやバラなど高貴な花の香りにたとえられている。

紅茶生産の新興国として成長

アフリカの紅茶

ティーバッグの原料用が主体の、
急成長する大紅茶産地。

産地について

《 タンザニア 》	《 ケニア 》
●収穫時期	●収穫時期
通年	通年
●製造方法	●製造方法
CTC製法	CTC製法

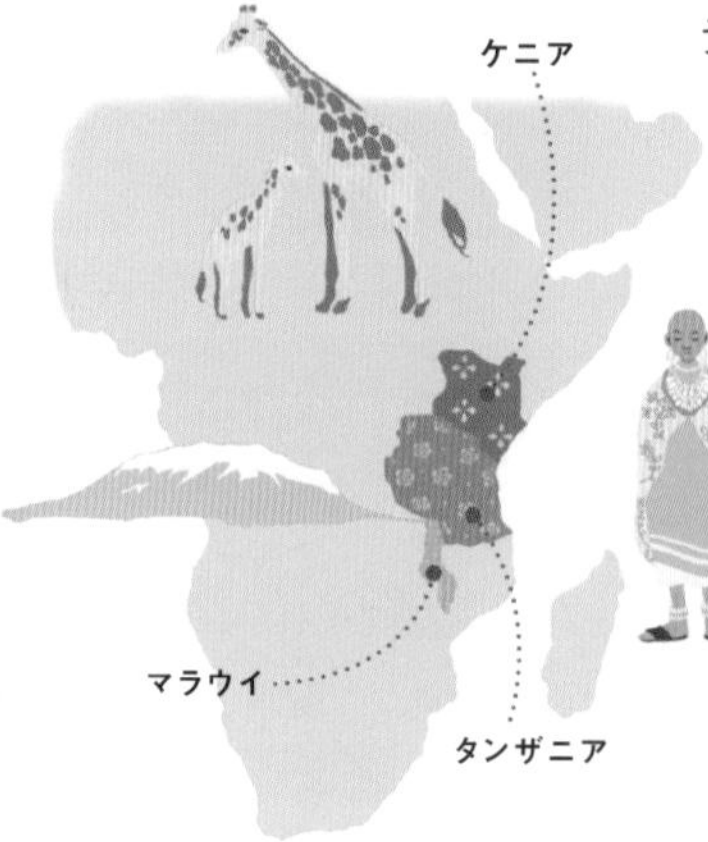

《 マラウイ 》

●収穫時期	
通年	
●製造方法	
LTP製法 （CTC製法の変形）	

ケニアでの紅茶栽培は20世紀に入ってから

アフリカでは、ケニアやタンザニアなど、東アフリカを中心に、紅茶栽培が発展しています。

ケニアでは、1920年、イギリスの植民地となり、大規模な茶園経営が行なわれることで紅茶栽培が急速に拡大。

独立後は、ケニア紅茶開発局（KTDA）が製茶や輸出を管理することで急成長し、現在は、ティーバッグの原料用として需要を拡大しています。

アフリカの紅茶

Africa

タンザニア

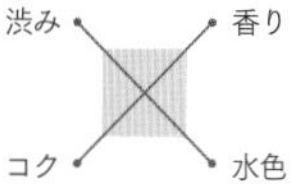

Point

まろやかで渋みが少ない

ケニアと同じ時期に紅茶が伝わり、1926年から紅茶産業が本格化。ケニア紅茶に似た味わいをもつが、味はまろやかで渋みが少ないのが特徴。水色も濃く鮮やかなCTC茶。ティーバッグ用の原料茶や、他産地とのブレンド用としての需要が大半を占めている。

ケニア

マラウイ

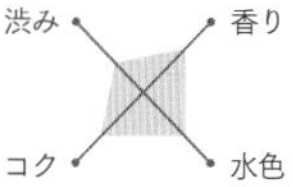

Point

さわやかで渋みが少ない

マラウイの紅茶栽培は19世紀後半にはじまり、アフリカでもっとも歴史が古い。大半がティーバッグ用の原料茶や他産地の茶葉とのブレンドとして使用され、南アフリカやイギリスへの輸出が全体の半数以上を占める。渋みが少なく爽快な風味が特徴。

ケニア

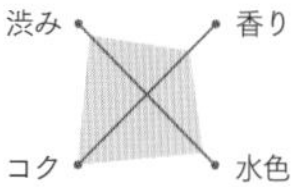

Point

水色が鮮明でコクがある

イギリス人の好みに応じてつくり上げてきたケニアの紅茶は、コクがあるストロングティーで、味わいに締まりがあり、水色が明るく美しいのが特徴。ティーバッグ需要に合わせて、早くからCTC製法を取りいれ、現在では生産のほとんどがCTC茶である。

平成に入って紅茶生産が復活

日本の紅茶

かつての紅茶輸出の
技術を復活、
国産ならではの
香味豊かな和紅茶。

平成に入って和紅茶の生産が再開

日本で紅茶を生産しているというと驚く人も多いと思いますが、かつては海外に紅茶を輸出していた時代がありました。日本が紅茶生産をはじめたのは、明治時代のことです。

海外での紅茶の需要の高まりに注目をした明治政府が、輸出を目的としてはじめたのがきっかけとなっています。

もともと茶の生産は行なわれていましたが、緑茶の輸出はふるいませんでした。そこで、緑茶の代わりに紅茶の輸出を成長させるために、1874年には『紅茶製法書』を作成して各地に配布。翌年には中国から紅茶製造に関する技術者を招いて、日本の技術者に紅茶製法を習得させていきます。

同時に、紅茶製造方法を学ぶ人材を中国やインドに派遣し、紅茶製造技術を日本国内に定着させていきました。

このようにして習得した紅茶製造技術をもとに、昭和に入りどんどん生産量を伸ばしてきた紅茶は、輸出量も大きく増えていきます。しかし、1971年の紅茶の輸入自由化により、国産紅茶はほぼ姿を消してしまいました。

習得した技術を葬り去ってはいけないと、生産者が次々活動を再スタートしたのは、平成に入ってから。紅茶用に改良して残っている紅茶向け品種の茶樹を活用し、現在では、国産紅茶の取り組みが、新潟を北限として以南の各地で行なわれています。

Japan

日本の紅茶 ①

亀山紅茶

Kameyama Tea

日本初の紅茶品種
「べにほまれ」が復活。

亀山紅茶

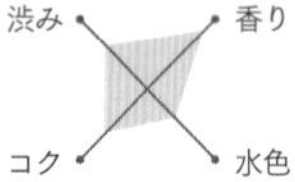

アイス　ミルク　ストレート

産地について

●収穫時期

5〜9月

●製造方法

オーソドックス製法

三重県亀山市で紅茶の栽培がスタートしたのは1930年代のこと。日本初の紅茶品種である「べにほまれ」が植えられ、亀山での紅茶栽培が盛んになりました。

戦後、亀山産のべにほまれ紅茶は、ロンドンのブレンダーから当時最高級品だったリプトン紅茶を上回る価格評価を受けたこともあります。しかし、輸入の自由化の影響を受け、緑茶製造へと方向を変えていきました。

十数年前に、茶農家の継ぎ手が、紅茶製造に再び挑戦。本格的に亀山紅茶は復活されることになったのです。

Point

最高品質は「KISEKI」
上品な甘さがある

数種類の紅茶が製造され、中でも樹齢50年以上のべにほまれ古木の新芽を丁寧に手摘みしてつくられた紅茶は希少価値が高く、最高品質として「KISEKI」とロゴマークがつけられている。茶葉は大きくてよくよられた黒色で、水色は明るい紅色。適度な渋みとコク、上品な甘さがある。

Japan

日本の紅茶 ②

狭山紅茶

Sayama Tea

海外の品評会でも高評価を得た
狭山ブランド。

狭山紅茶

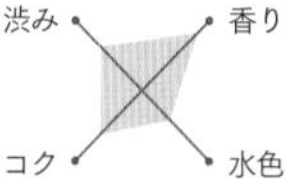

産地について

●収穫時期

6〜7月

●製造方法

自然萎凋の
オーソドックス製法

静岡茶、宇治茶と並んで日本三大茶に名を連ねる狭山茶。

ここで育まれた緑茶品種の「やぶきた」からつくられた紅茶「狭山コングーブラックティー」が、イギリスの国際食品コンテスト「グレート・テイスト・アワード」において、2012年から3年連続でツースター金賞を受賞し、狭山の紅茶生産は世界レベルで知れ渡ることとなりました。

緑茶品種である「やぶきた」や「さやまかおり」からつくられているものもあれば、紅茶品種「べにひかり」で製茶しているものもあります。

Point

**香りが芳醇で
独特の甘みがある**

緑茶品種である「やぶきた」で製造された紅茶は、口に含むと上品な甘さが広がる。なめらかに広がる独特の甘みがありながらも、飲み口はとてもすっきりとしている。渋みは少なく、深みがあり飲みやすい味わい。

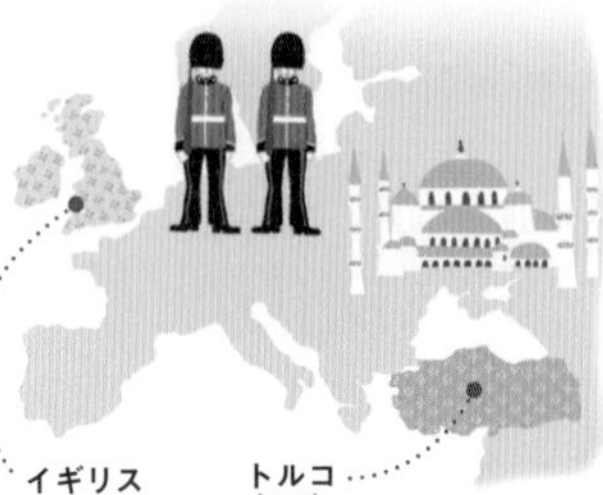

アジアを中心に生産国が増加

その他の国の紅茶

茶の栽培は世界で30カ国以上。
アジアを中心に、
注目の生産国を紹介。

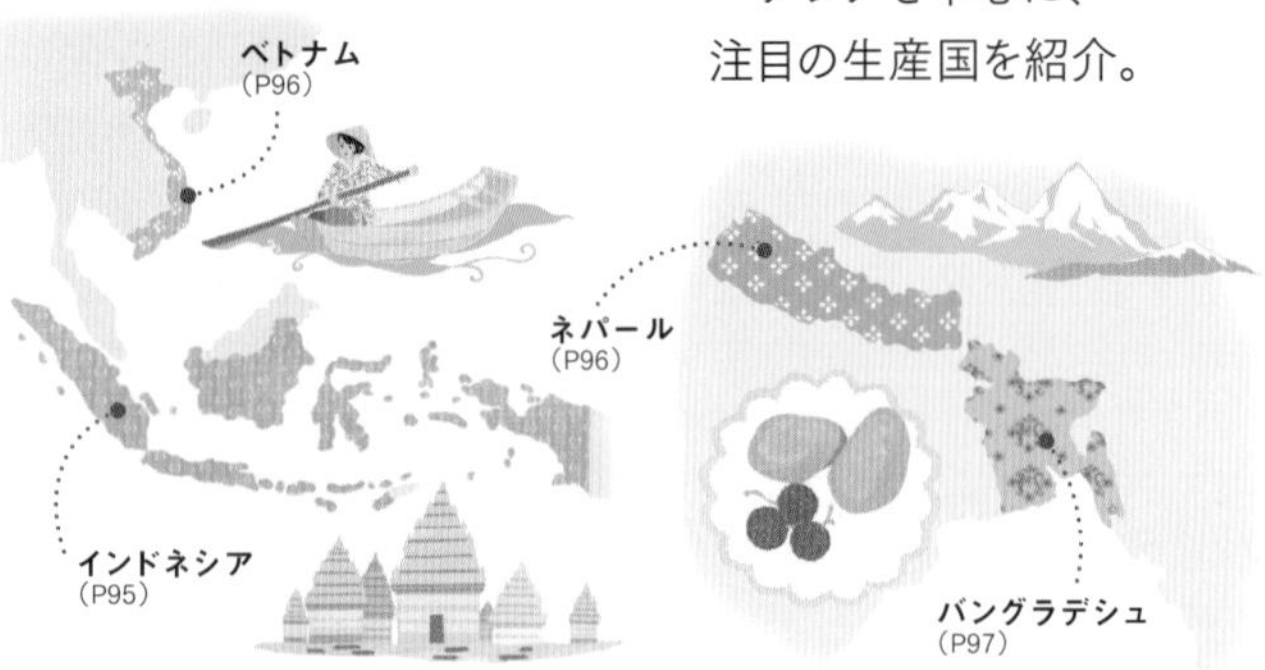

需要の増加により世界の紅茶生産量は増加傾向

紅茶栽培は、赤道と北回帰線の間にある地域が中心となっており、その中でもアジアは世界最大の紅茶生産地域です。

また、アジアだけではなく、トルコやアルゼンチンなどでも紅茶栽培が行なわれ、外国へも多く輸出されています。

嗜好の多様化によるさまざまな需要への対応、ペットボトル飲料の普及による原料茶の需要の増加などにより、今後も生産量は増加していくと考えられます。

Others

その他の国の紅茶

インドネシア

Indonesia

20世紀後半になって生産量が増加。
アジアの新たな一大紅茶生産国。

19世紀にオランダ人によって開拓されたインドネシアは、早くから茶の栽培の試みがありましたが、産業として確立したのは1890年代に入ってからでした。

しかし、第二次世界大戦や1949年の独立の影響で茶園は荒廃してしまいます。

その後も茶園の復興はなかなか進みませんでしたが、政府が一部の茶園を国有化して農業公団による管理運営を行なうことにより、紅茶栽培は復興を遂げました。輸出市場に積極的に復帰したのは、1970年代に入ってからのことです。

ジャワ

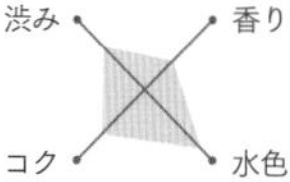

アイス　ミルク　ストレート

産地について

●収穫時期

通年

●製造方法

ほぼオーソドックス製法（一部CTC製法）

Point

少しスパイシーな渋みがあり マイルドな味わい

赤道直下にあるインドネシアではほぼ一年中茶の生産が行なわれる。気候の変動が少ないため、季節による品質の差が少なく、生産は安定している。ジャワ産の紅茶は、水色が赤褐色で、マイルドで飲みやすい味わい。さまざまな飲み方に対応できる。

Others

その他の国の紅茶

拡大する紅茶需要に応える、世界の紅茶産地をご紹介。

ネパール

インドのダージリンとシッキムに隣接する地域が、ネパールのおもな紅茶産地であることもあり、ネパール産はダージリンによく似ている紅茶として、日本でもじわじわと人気が高まっています。水色は淡く、黄色みを帯びた明るさがあり、やさしく立ち上る香りとやわらかい渋み、そしてすっきりとした後味が特徴。ＯＰタイプの茶葉が主流ですが、南部地域では、ＣＴＣ製法による紅茶生産も行なわれています。

ベトナム

ベトナムには古くから喫茶習慣があり、気候的にも茶栽培に適しています。茶の栽培は１９１０年頃からはじまりましたが、生産も消費も緑茶が中心でした。近年は紅茶も増産傾向にあり、生産量も著しく上昇しています。

クセがなく穏やかな味わいのベトナム紅茶は、ブレンド用やフレーバードティー用として多く使用されています。味わいの穏やかさとは対照的に、茶葉は黒っぽく、薄暗い水色をしています。

バングラデシュ

バングラデシュは、インドのアッサムの近くに位置する国です。19世紀にアッサムで紅茶栽培が成功した後に、急速に紅茶栽培が広まったこともあり、紅茶生産に関しては長い歴史があります。製造方法の多くはＣＴＣ製法によるもので、アッサム茶に似た味わいがあります。ただし、アッサム茶ほどの力強さや濃厚さはなく、マイルドでバランスのいい紅茶が産出され、その多くはブレンド用に使用されています。

トルコ

トルコの紅茶栽培は、第一次世界大戦の後にはじまりました。もともとはコーヒーがよく飲まれていましたが、第一次世界大戦後、コーヒー価格の高騰により、紅茶がよく飲まれるようになりました。紅茶栽培が行なわれているのは、黒海に面した温暖なリゼ。少し黒っぽいＢＯＰタイプの茶葉が主流で、水色はきれいなルビー色です。国内消費がほとんどで、現地の人はミルクを加えずに、砂糖入りの甘い紅茶を飲んでいます。

紅茶の製造工程

1

紅茶の製法

代表的な二つの製造方法を、
ご紹介します。

茶摘みは手摘みで丁寧に行なわれる

オーソドックス製法

手づくりの技術を機械化させた伝統的な製法

1 摘む
・丁寧に手摘みする。

2 しおらせる
・もみやすくするために葉の水分を蒸発させる。

3 揉む
・機械で葉を揉む。
・ブロークンタイプの細かい茶葉はさらに機械にかけて、細かくする。

4 ふるい分け（玉解き）
・塊になってしまった部分をほぐす。

5 酸化発酵
・酸化発酵を進め、紅茶特有の香味を整える。

6 乾燥
・酸化を止め、熱風で茶葉を乾燥させる。

7 区分け
・大小混ざり合っている茶葉のサイズを、サイズ別に区分する。

Point

CTC機の登場により大量生産が可能に

CTCとは、「Crush＝押しつぶす」、「Tear＝引き裂く」、「Curl＝丸める」の略で、より短時間で抽出できるように開発されました。

濃厚な味わいを短時間で抽出できるＣＴＣ製法は、ティーバッグやブレンド用に使用されることが多く、市場のニーズに合わせてどんどん増加しています。現在では、世界の紅茶生産量の約半分がＣＴＣ製法によるものといわれています。

CTC製法

短時間で色・味・香りを抽出できる、抽出効率の高い製法

1 摘む

・地域によっては機械摘みをしているところも。

2 しおらせる

・もみやすくするために葉の水分を蒸発させる。

3 CTCローラー機

・茶葉を押しつぶして引き裂き、粒上に丸める。

・見た目はコロコロとした玉状になる。

4 酸化発酵

・茶葉が粒状のため、短時間で済むことが多い。

5 乾燥

・オーソドックス製法と変わらない方法で行なわれる。

6 区分け

・茎や軸がすべて粒状になるため、オーソドックス製法よりも手間がかからない。

紅茶の製造工程

2

紅茶のブレンド

紅茶がいつも同じ香味なのは、
ブレンドが行なわれているからです。

紅茶は農作物なので、季節によって味わいが異なる。細やかな品質鑑定が紅茶のブレンドには重要。

一定コストの範囲内で〝いつもの味わい〟をつくり出す

紅茶を製品化するための重要な工程に、「ブレンド」があります。ブレンドが行なわれる理由はいくつかありますが、その中でもっとも重要なのが、「一定のコストの範囲内でいつも同じ味の紅茶をつくり出すこと」です。

紅茶は農作物です。同じ産地で収穫されたものでも、収穫時期やそのときの気候の違いによって、品質に違いが生じます。だからといって、この品質の違いを価格に反映させて商品化するわけにはいきません。年間を通じて同じ味わいと同じ価格で提供する商品にするために、紅茶のブレンドが行なわれるのです。

各メーカーには、さまざまな商品がありますが専門のティーテイスターが行なうブレンドによって、メーカー独自の味わいをつくり出します。メーカーによっては数年ごとにブレンド内容の見直しを行なっているところもあり、その時代のニーズに

一度にたくさんの種類の茶葉を審査するため、ブレンドやテイスティングの行なわれるテイスティングルームは動きやすく整えられている。左手にある筒状の入れ物は「スピットーン」と呼ばれ、口に含んだ紅茶を吐き出すために使用される。

合った紅茶の味わいを表現しています。

ブレンドでもうひとつ重要なことに、「消費地の水質と嗜好」があります。例えばイギリス国内では、ロンドン周辺は硬水ですが、スコットランド地方は軟水。同じ国でも水質にばらつきがあるため、ひとつのメーカーで、地域別のブレンドを販売するところもあります。

同じブランドでも、消費地によりブレンド内容が異なるものもあります。

ティーテイスターは、一日に何十種類もの紅茶を審査する（写真はユニリーバスリランカのシャマール・デ・シルバ氏）。

紅茶の製造工程

3

紅茶のテイスティング

紅茶の味を決定づける、ティーテイスターの仕事と手順とは。

五感を駆使する仕事ティーテイスター

紅茶を製品化するにあたり、ブレンドがとても重要な作業であることは前項で述べたとおりですが、その重要な作業を担っているのが、「ティーテイスター」と呼ばれる紅茶鑑定人です。ティーテイスターは、紅茶の品質を評価鑑定するために特別に訓練された専門家。この職業は、特に資格認定などの制度があるわけではなく、企業がそれぞれのやり方で養成し、その技術を習得させせます。

紅茶のテイスティングには、世界的に共通した基準などは特になく、あくまでも人間の五感を用いた官能検査（人の五感を用いて、食品などを一定の手法に基づいて測定する検査）のみ。紅茶の官能検査では、視覚で色や茶葉の形状、嗅覚で香り、味覚で味、触覚で茶葉の重さをチェックします。テイスティング自体には共通の判断基準はありませんが、テイスティング結果の認識に統一性が出るように、サイズ、外観、香味、水色

スリランカでは、ミルクを加えてテイスティングするのが主流。

（カップに注がれた紅茶液の色）、茶殻に関して、統一された審査用語が設けられています。

テイスティングは、違う産地の茶葉を比較するのではなく、同じ産地の茶葉の比較審査をします。同じ産地でも多くの茶園があり、天候や製茶状況などで香味に違いが生じるため、各々のサンプルをチェックする必要があるのです。

ティーテイスターは、茶葉の外観やサイズを手に取って確かめ、水色を確認します。

大きめのスプーンで紅茶液をすくって口に含む際、空気を吸い込みながら紅茶液を噴霧状にして喉の奥に吹きかけるため、大きな音がします。こうすることにより、一瞬でその紅茶のもつ香りと味わいを確認するのです。たくさんの紅茶を審査するため、紅茶液は飲み込まず、確認ができたら吐き出します。

日本向けの茶葉はストレートで審査されますが、それ以外の地域はミルクティーの需要が多いため、スリランカではミルクを加えて審査するのが一般的なようです。

茶葉はオークションで取引された後、各メーカーによって製品化され、紅茶として飲まれることになる。

紅茶の製造工程 4

紅茶の流通

茶園からティーポットまでの間にある、紅茶の流通の裏舞台とは。

包装品の輸入と原料茶の輸入に分かれる

日本国内の紅茶のほとんどは、海外の紅茶産地で生産されたものを輸入しています。それらは、海外で包装されて製品化されている場合と、原料茶やブレンド茶を輸入して、日本国内で製品化される場合に大きく分かれます。

製品化される前の紅茶は、生産国の各製茶工場内で仕上げ茶となり、茶園やグレードごとに分けられて、「原料茶」として取引のスタートラインに立ちます。

ブレンドの項目でも触れましたが、紅茶は農作物なので、いつも同じものが生産されるわけではありません。

そのため、品質を維持する方法として、前項で紹介したティーテイスターによる品質鑑定が重要な要素となり、それぞれの段階でのテイスティングを経て、製品化されていきます。

スリランカの都市・コロンボでのオークション会場の様子。以前はオークション会場で開催されていたが、現在はオンラインで実施している。

取引の主体はオークション

原料茶の取引の中心は、オークションです。

以前は、オークション会場で行なわれていましたが、コロナ禍による環境の変化で、現在ではオンラインで落札する「e‐オークション」を通じて取引されるようになりました。

生産者である茶園と、購入者であるバイヤーや輸入業者の間を、ブローカーが仲介してオークションに上場されるサンプル茶葉のやり取りが行なわれます。

各茶園から集められた茶葉サンプルと、それらに関する情報をまとめたカタログ（茶葉のリスト）が届けられ、それを事前に試飲し、購入者はオークションで落札する茶葉をあらかじめ選定してオークションに臨みます。

取引の主体はオークションですが、それ以外には茶園と直接取引する「プライベートセール」も行なわれています。

決して邪道ではない！

手抜きと思わずティーバッグでおいしく

「ティーバッグは邪道」という考えは、正しくありません。もちろん、お客様をお招きした場合などに、ティーバッグでいれた紅茶を出すのは、何となく手抜きのような気がする人は多いことでしょう。でも、忙しいときやオフィスで飲むとき、また茶殻を始末するスペースや時間がないときは、ティーバッグが活躍します。

なぜ邪道と考えないでほしいかというと、ティーバッグもまた、おいしく飲めるように特別な製法でつくられているからです。

ティーバッグは、リーフティーをポットで蒸らすのと違って、小さな袋の中でその紅茶の香味を出す必要があります。そのため、リーフティーより茶葉が丸くて小さくなるCTC製法によってつくられています。

リーフティーなら通常約３分蒸らすのに対して、CTC製法のティーバッグなら約１分で香味と色合いの美しい紅茶をいれることができます。

紅茶をいれるときに大切なことのひとつは、熱湯の温度。ですから、抽出するときの紅茶の温度をできるだけ高く保つために、ティーバッグでもティーポットを使ったり、カップの上にソーサーを置いてフタをしたりするなどして工夫すれば、十分においしい紅茶をいれることができるのです。

フタをして蒸らせば、紅茶の温度をできるだけ高く保つことができ、その分おいしい紅茶になる。

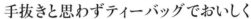

Part

3

アフタヌーンティーの世界へようこそ

アフタヌーンティーの歴史やメニュー、
ティータイムのマナーや
楽しみ方について紹介します。

アフタヌーンティーの誕生

はじまりはイギリス上流階級から

立体感のあるスタンドに鮮やかに盛りつけられたティーフーズ、美しいティーセット……。華やかなアフタヌーンティーは、日本でも提供する場所が増え、身近な存在となりました。イギリス生まれのこの習慣は、いったい、いつどのようにして誕生したのでしょうか。

背景を知ることで、きっとより豊かな時間になることでしょう。

時代は、1840年頃のイギリス。当時、貴族の食事は昼と夜の間がとても長く、夕方になると空腹で気分も沈んでしまうことから、召し使いに頼んで紅茶とバターつきのパンを運ばせたのがきっかけでした。

その考案者が、第7代ベッドフォード公爵夫人のアンナ・マリア。夕方のこのささやかなひとときをとても気に入ったアンナ・マリアは、自分の屋敷でのお茶会を計画します。貴婦人たちが集い、午後のひとときにお茶を飲みながら楽しくおしゃべりをする、社交を目的とした

午後の紅茶®

ティータイムが誕生したのです。ちなみに、考案者といわれるアンナ・マリアは、紅茶飲料でおなじみの人気商品「午後の紅茶」のパッケージにも描かれています。

テーブルを囲んで座席を変えることができない食事会とは異なり、部屋のどこへでも移動できるスタイルのお茶会は、上流階級の女性たちを中心に広がっていきました。規模の大きなお茶会の場合は、だいたい午後4〜7時の時間帯に行なわれ、その間の出入りは自由だったといわれています。

1861年には、ヴィクトリア時代の家庭運営の手引きとも呼ばれる『ビートン夫人の家政読本』が出版されました。この本には、家事の基本情報やさまざまな料理のレシピ、ティーセットの揃え方や紅茶のいれ方なども紹介されており、アフタヌーンティーで人をもてなすための情報を必要としていた中産階級の女性たちから絶大な支持を得ます。これにより、アフタヌーンティーは、気軽な家庭招待会として広がっていくのでした。

19世紀終わり頃になると、ロンドン市内にティールームのチェーン店が展開され、次第にティールームが増えていきました。男性のエスコートがなくても、女性が気軽に利用でき、外食産業としてのティータイムの機会が広がります。高級ホテルのラウンジで、アフタヌーンティーを楽しむ場所も増えていき、美しい生演奏の音楽を聴きながら、紅茶を楽しむという豪華な雰囲気でのティータイムが人気となりました。

こうして、アフタヌーンティーはイギリスの外食産業の中で独自のティータイム文化として、展開されていきました。この華やかな雰囲気が、紅茶の国イギリスの象徴となり、海外観光客の憧れの時間として紹介されるようになりました。特にイギリス旅行に行く女性観光客の目的上位に必ずランクインするようになり、21世紀に入ってからは、伝統のスタイルの枠内で展開されてきたアフタヌーンティーに、自由度と多様性が加わります。ティールームだけではなく、レストランや外国料理店などでもアフタヌーンティーが提供されるようになりました。

写真提供：The Savoy

アフタヌーンティーには、もうひとつの面があります。それは、家庭でのアフタヌーンティー。

イギリス人にとっては、家族や友人と過ごす午後のティータイムこそ、とっておきのアフタヌーンティーなのです。そこには、ケーキスタンドがなくてはならないとか、豪華なティーセットがなくてはならないというルールはなく、普段よりもゆとりをもち、普段よりもちょっと特別な時間が流れます。アフタヌーンティーという時間がもつ意義は、そこにあるのだと感じます。

そのことを念頭に置きつつ、この章では、おもに外食産業で提供されるアフタヌーンティーについて、紹介したいと思います。

アフタヌーンティーのメニュー

メニューの構成

伝統的なアフタヌーンティーは、「サンドイッチ→スコーン→ケーキセレクション」の順番で提供されました。現在では、見た目の華やかさや味わいのバランスを重視し、アフタヌーンティーのスタイルもかなり多様化しています。

アフタヌーンティーのメニューは、「セイボリー」（甘くないもの）→「スコーン」→「ケーキセレクション」（スイーツ）で構成されています。

セイボリー

「セイボリー」とは「塩気のあるもの」という意味。アフタヌーンティーでは、サンドイッチを中心とした、甘くない食べ物のことをいいます。かつては、シンプルなサンドイッチが中心でしたが、ここ20年ほどで、アフタヌーンティーのスタイルもかなり多様化し、特にサンド

写真提供：The Savoy

イッチ以外のセイボリーフーズが充実しました。カナッペやキッシュ、ちょっとしたおつまみのようなものまであり、メニューが豊富になってきているように見えます。
さて、アフタヌーンティーのサンドイッチというと必須メニューに挙げられるのが、「キューカンバーサンドイッチ（キュウリのサンドイッチ）」です。ヴィクトリア時代には、キュウリは富の象徴としてとらえられていました。新鮮なキュウリを使ったサンドイッチを用意できるのは特別なことだったのです。
アフタヌーンティーのサンドイッチは、シンプルで食べやすいことが重要です。ですから、キュウリのサンドイッチの具は、キュウリのみ。ハムやレタスを一緒に挟むことはありません。フィリング（具）は基本的に1種類ですが、それが数種類並ぶので、見た目はもちろんのこと、味わいや食感の違いを楽しめます。パンの種類や合わせる具で変化を出したり、スプレッド（バターなどパンに塗るもの）もフィリングに合わせて風味を変えたりしているティールームもあり、サンドイッチの奥深さを実感するひとときでもあります。

キュウリ以外のフィリングとしては、ハム、卵、チーズ、ツナ、スモークサーモンなどさまざま。ローストビーフなど豪華なサンドイッチも時にはありますが、やはりキュウリのようにシンプルで歯ざわりのよいサンドイッチは、他にはありません。さまざまな種類を味わってみると、キュウリのサンドイッチは不可欠な存在であると、再認識するのです。

スコーン

いまやスコーンは、すっかりアフタヌーンティーを象徴するメニューのように捉えられており、日本でも急激に人気が上昇しています。ですがアフタヌーンティーのメニューとして加わったのはヴィクトリア時代ではなく、20世紀に入ってからのようです。

スコーンは、イギリスの女の子がいちばん最初にお母さんから教わるお菓子といわれている、家庭でも手軽につくることのできるシンプルな焼き菓子。それ単体で味わうというよりは、ジャムとクロテッドクリーム（イギリスの乳製品。バターと生クリームの中間のようなク

リーム）をつけることで、味わいが完成されるという素朴な味わいのお菓子です。
　スコーンの種類としては、何も入っていないプレーンスコーン、レーズンなどがはいっているフルーツスコーンが主流。ジャムは、定番ストロベリーの他に、ラズベリー、ブルーベリーなどのベリー類、ブラックカラント（黒スグリ）、アプリコットなど、複数提供される場合もあります。ただ、アフタヌーンティーに登場しないジャムがあるのです。それが、マーマレード。マーマレードはイギリスでは朝食用のジャムの定番なので、アフタヌーンティーに登場することはありません。
　さて、このジャムとクロテッドクリームですが、スコーンにのせる順番を気にしたことはありますか？　ジャムが先か、クリームが先か。

クロテッドクリームを特産とするイギリスの2つの地域において、この順番が異なり、それがちょっとした話題になることもあるのです。

　クロテッドクリームは、南西イングランドのデボンとコーンウォール、両地域の特産品。スコーンの上に先にクリーム、その上にジャムをのせるスタイルが、「デボンシャースタイル」。一方、先にジャム、その上にクリームをのせるスタイルは「コーニッシュスタイル」と呼ばれており、それぞれ好みでスタイルが分かれることから、スコーンを味わうときにしばしばその話題で盛り上がることもあるのだそう。ちなみに私は、コーニッシュスタイルを好んでいます。温かいスコーンにまずジャムを塗り、クリームはひんやりした状態で味わいたいのがその理由です。逆に、スコーンの温かさでクリームを少しとろけさせて味わいたいという人もいることでしょう。正解はありません。あなたがおいしいと思えば、それが最高の食べ方なのです。

ケーキセレクション

　アフタヌーンティーのスイーツは、かつては焼き菓子が主流でした。ゼリーやムース、クリームが多いケーキなどはほとんど並ばなかったため、見た目も似たような色合いの茶色っぽいお菓子ばかりでした。でも最近は、色鮮やかなスイーツがアフタヌーンティーを盛り上げる存在として登場するようになり、見た目や味わいなども幅広くなりました。季節感の演出も、数種類のケーキたちが担うことが多いようです。

アフタヌーンティーの流行とともに、テーマ性のあるアフタヌーンティーも増えてきました。「音楽」をテーマにしたものは、ミニケーキのデコレーションがピアノの鍵盤になっていたり、チョコレート尽くしのアフタヌーンティーがあったり、伝統的なスタイルにアイデアが加わり、幅広い楽しみ方ができるのも、アフタヌーンティーの素晴らしさなのだと感じます。

紅茶

アフタヌーンティーには、さまざまな種類のお茶がメニューに並びます。紅茶はもちろんのこと、緑茶やハーブティーなど、気分や好みに合わせてお茶を選ぶことができます。

とはいえ、やはり紅茶はアフタヌーンティーの主役。私は、セイボリーフーズを食べるときには、セイロンやダージリン、ラプサンスーチョンなどの産地別のものを選び、スイーツのときに気分を変えて、アールグレイなどのフレーバードティーを追加することが多いように思います。もしもお茶選びに迷ったら、オリジナルブレンドやアフタヌーンブレンドなどを選ぶと、フーズ全体を通してもバランスよく味わえることでしょう。

イギリスの有名なティールームでは、イギリス産の紅茶をラインナップしているところが増えてきました。珍しいイギリス産の紅茶もおすすめです。

アフタヌーンティーを
より楽しむために

イギリス伝統のティーフーズ

紅茶との相性抜群、アフタヌーンティーの定番フーズをご紹介します。

Foods 1

イギリスの女の子が
最初に習うお菓子

スコーン

ティータイムの定番メニュー。パンとケーキの中間のような存在のスコーンは、イギリスの女の子がいちばん最初に母親から教わるお菓子だそう。横半分の上下に割って、ジャムとクロテッドクリームをたっぷりのせて食べるのが基本。

Foods 2

サクサクとした食感が
紅茶との相性抜群

ショートブレッド

小麦粉、バター、砂糖でつくられるスコットランドの伝統的なお菓子。「ショート」はサクサクという食感を意味する。長方形や扇形が定番だが、クリスマスシーズンには星形やクリスマスツリー形、スノーマン形など、種類も豊富に楽しめる。

Foods 3

お祝いの席で
手づくりして振る舞う

パウンドケーキ

1ポンド（パウンド）の小麦粉、バター、砂糖、卵からつくられることから「パウンドケーキ」と名づけられた。イギリスでは18世紀頃からパウンドケーキのレシピが登場。日もちするので、昔からイギリスでは、お祝いの席のお菓子としても親しまれている。

Foods 4

キュウリを挟むのが
イギリス流定番

サンドイッチ

代表的なのはキューカンバー（キュウリ）サンドイッチ。新鮮な野菜の入手が困難だった時代、キュウリを振る舞うことは富の象徴だった。他にも卵やハム、スモークサーモン、ローストビーフが主流で、小さめのサイズにカットするのが基本。

Foods 5

ヴィクトリア女王由来の
ラズベリージャムのケーキ

ヴィクトリアサンドイッチ

サンドイッチといっても、実はケーキ。２枚のスポンジの間にラズベリージャムを挟み、表面に粉砂糖をかけたシンプルなケーキで、19世紀にヴィクトリア女王のためにつくられたことからこの名がつけられた。現在もティータイムの定番として愛されている。

アフタヌーンティーのマナー

ティーフーズを食べる順番

アフタヌーンティーのマナーでよく受ける質問に、食べる順番に関することがあります。スタンドに盛りつけられたティーフーズは、どこから食べるのが正しいのかというのが特に多い質問です。

スタンドの盛りつけ方は、そのティールームによって異なりますので、スタンドの順番に沿っていただくよりは、メニューの流れで覚えたほうがよいでしょう。

アフタヌーンティーは、一度にすべてがスタンドに盛りつけられて提供されることもあれば、最初にサンドイッチなどのセイボリーフーズのみが提供され、その後にスコーンとケーキが提供されるというように、サービスも2~3段階に分けて行なうところもあります。

食べる順番としては、「セイボリーフーズ」→「スコーン」→「ケーキセレクション」の流れで味わうとよいでしょう。

ティーフーズは手づかみでOK

ナイフとフォークが並んでいると、それをどう使うか悩んでしまいがちです。でも、アフタヌーンティーのティーフーズは、直接手でつまんでいただくのが一般的。

セットしてあるナイフは、スコーンにジャムとクリームをつけるため、フォークは手でつまみづらいケーキなどを食べるときに使います。ナイフやフォークを使わないで食べるなんて失礼で行儀が悪いなどということは一切ありません。

サンドイッチやケーキなどが、ひと口で食べるには大きすぎる場合は、ご自身のケーキプレートの上で食べやすい大きさにカットするとよいでしょう。

なお、盛りつけられているスタンドからティーフーズを食べるとき、必ず各自のケーキプレートに取り分けてからいただきます。スタンドに手を伸ばして直接口に運ぶことはNG。

また、取り分ける場合は、自分の分だけにしましょう。隣の方の分まで取って差し上げる必要はありません。

ナプキンの使い方

ナプキンが添えられている場合は、必ず使用しましょう。どんなに美しいハンカチなどを持参していても、ナプキンが出されていたら、それを使うのがマナーです。

ナプキンは、ティーフーズを食べたときの指先や口元のべとつきを拭くのに使います。口元は、ゴシゴシ拭うのではなく、軽く押さえるようにしましょう。カップやグラスの唇が当たる場所がきれいに保たれるので、飲み物の味わいを損なうことを防ぐことができます。

食べ終わったら、ナプキンはケーキプレートの左横に、使用したことがわかるよう軽くたたんでおきましょう。

ティーカップソーサーの扱い方

ダイニングテーブルのような高さのあるテーブルと椅子の場合は、ソーサーはテーブルに置いたままで、カップのみを口元に運びます。ソーサーごと胸元にもち上げていただくと、エレガントには見えますが、現代ではそこまでする必要はありません。ただし、応接セットのようなローテーブルや立食パーティーの場合は、テーブルとの距離が離れているため、ソーサーごともち上げたほうが安定します。状況によって使い分けましょう。

カップのハンドルに指を通してはいけないという情報で戸惑う人も多いようですが、ティーカップをもつときは安全性と安定性がもっとも重要です。もちやすいもち方で楽しみましょう。ハンドルに指を入れてカップをもち上げるのは、自然なことですので、ご安心を。

ティースプーンが添えられている場合は、スプーンを使用してもしなくても、カップの後ろ側にスプーンを置き換えます。そうすれば、カップを口元に運ぶたびに邪魔になることがありません。

カップの飲み口に口紅がついてしまった場合は、軽く指先で拭ってもよいのですが、その前に、口紅がつかないような配慮をすることを忘れずに。アフタヌーンティーの前には、口元をティッシュペーパーで押さえておき、リップグロスなどはしないことをおすすめします。

素敵な食器が気になったら

アフタヌーンティーが素敵なのは、食器を愛でる楽しみも大いに関係していると思います。好みの食器が出されると、どうしても裏を見てみたくなる人が多いようですが、この仕草はタブー。もしもその食器が、どちらのブランドのものかを知りたい場合には、ティールームの方や招待してくださったお宅の方に直接お尋ねしましょう。

「とても素敵な食器ですが、どちらのブランドですか?」

こんなふうに聞かれて気を悪くする人はいないはず。読めない外国語のマークも、耳で聞かせてもらえると、確実な情報を得ることができますし、ブランドの情報以外に、食器の裏には書かれていない、とっておきの情報も一緒に教えてもらえるかもしれません。

スタンドについて

ケーキスタンドの歴史

アフタヌーンティーのスタンドは、ビジュアル的にも私たちの心に響く華やかさがあり、いまやアフタヌーンティーのシンボルとなりました。

また、3段のスタンドにのっていれば、すべてアフタヌーンティーだとか、3段のスタンドにのっているのが正式だと誤解されている場合もありますが、そういうことはありません。なぜなら、もともとスタンドはなかったのですから。

19世紀のアフタヌーンティーは、使用人がトレイにティーフーズをのせて客に提供する、トレイサービスのスタイルでした。お替わりのたびに使用人を呼び戻す必要のないよう、床に置くタイプの給仕用テーブルにトレイごと置くようになったことから、現在のスタイルにつながってきているようです。つまり、もともとは床に置く家具が原型でした。また、ティーフーズの種類が多いアフタヌーンティーは、たくさんのプレートを広げるのにはテーブルが小さすぎたため、横に広げる分を上に積み上げ、空間を華やかに利用したスタンドに進化していったという説もあります。

ですから、もともとはスタンドで提供されるものではなく、コース料理のように順番にサービスされていたのです。スタンドはむしろ簡略化されたもの。以前は、かつてのようにトレイでサービスしていたティールームや、ブッフェスタイルのアフタヌーンティーもありましたが、スタンドスタイルを望む声が多かったのか、スタンドを使用するティールームが圧倒的に多くなりました。

さまざまなケーキスタンド

一般的なケーキスタンドは3段のものが多く、卓上に置かれるものです。しかしながら、このスタンドにもさまざまな種類があり、2段のものや段違いになっているもの、または床上に置かれるタイプのスタンドで提供するティールームもあります。

特に近年は、アフタヌーンティーを提供する場所も増え、オリジナリティーを重視し、テーブル上の空間を立体的で華やかに用いるためのアイテムとして、独創的なスタイルのスタンドが豊富になってきました。ラウンドタイプだけではなく、スクエアタイプ、横長タイプ、鳥かごのようなもの、らせん状になっているものなど、さまざまなものがあります。

ティータイムを優雅な時間にするために

自宅で楽しむ アフタヌーンティー

ティータイムを楽しく過ごすために、必須のアイテムを紹介します。

テーブルセッティングに用意したいもの

プレート&ナイフ&フォーク

ケーキプレートは直径20cm前後のものが基本の大きさ。ナイフはスコーンに塗るジャム&クリーム用に使う。フォークを使用しなくても問題ない。

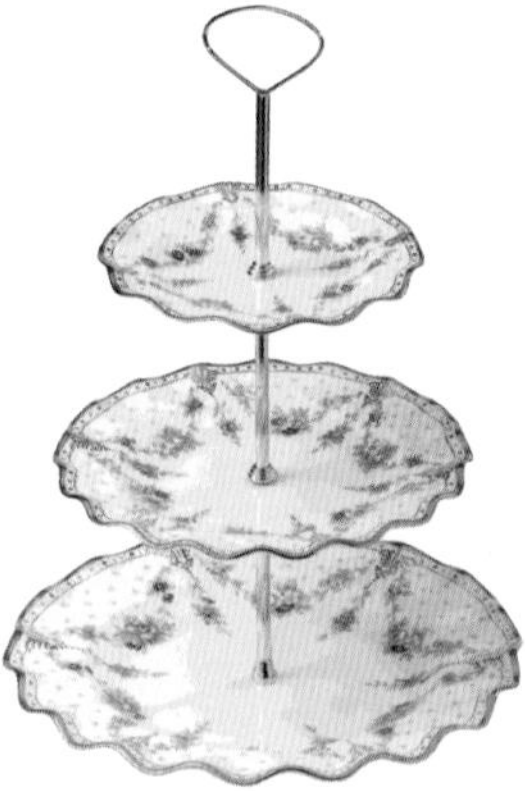

ケーキスタンド

床に置く大きな家具だったものが、外食業務用に開発され、現在はアフタヌーンティーを象徴するアイテムに。皿を取り外せるものなどさまざまなものがある。

ティーナプキン

口元を拭うときや、洋服の汚れ防止のために必要。布製だとよりエレガントだが、ペーパーナプキンを用意してテーブルの上のアクセントにするのも手軽なおしゃれのひとつ。

ポット&カップ&ソーサー

お揃いのもので一式揃えると、テーブルデザインとしては統一感が出てくる。一式揃えることができなくても、デザインの違いが、テーブル上にカラフルさを生み出し、違った楽しみが生まれる。

シュガーポット

フタつきのものは、保存しやすく便利。シュガーポットをもっていなければ、小さなガラスの器などにシュガーを盛り、小皿やレースを敷いてもよい。

ミルクジャグ

ミルクティー用のミルクをいれる器として、大きめのものを用意。ほこりやゴミが入らないように、レースやナプキンなどをかけておくと見た目にもかわいい。

完成イメージをもつことが大切

テーブルセッティングの手順

出来上がりをイメージし流れをつかめば、楽しくテーブルを飾ることができます。

楽しくテーブルを準備する手順

1

テーマとカラーを決める

まずはテーブルのテーマを決める。例えば「花」「イギリス」「庭」などのテーマを決めたら、次にそれに合わせたその日のカラーを決める。そうすると、完成イメージも浮かびやすくなる。

2

テーブルクロスを敷く

テーマカラーに沿ったテーブルクロスを敷くと、たちまち空間がエレガントなムードに変身。もしもなければ、プレイスマットなどでアクセントをつけてもよい。どんな食器にも合うアイボリーやベージュなどのクロスが１枚あるととても便利。

食器の色合いに合わせて花を選び、テーブルクロスはカーテンの色に合わせてセッティング（著者紅茶スクール「イギリス時間 紅茶時間」より）。

3

食器をセット

ケーキプレートを正面に、その右上にティーカップ&ソーサーを置く。ナプキンは、ケーキプレートの上でも、その右側に置いてもどちらでもOK。ティースプーンはソーサーの上に、その他のナイフやフォークはケーキプレートの両脇にセットする。

4

残りの食器を置く

ティーポット、シュガーポット、ミルクジャグの位置を決める。広いテーブルの場合は、ホステス（お招きした側）が扱いやすい場所に、まとめて置いておくとよい。花は中央か、邪魔になるようであれば、みんなから見える別の位置に移してもよい。

テーブルを華やかにする紅茶グッズ

思い入れのあるグッズでテーブルを飾れば、会話もグンと弾みます。

用意したい紅茶グッズ

ティーベル

イギリスでは、パーティーの際、アテンションの呼びかけに、グラスをナイフやフォークで叩くことがよくある。でも、ティータイムではもっとエレガントに振る舞いたいもの。ティーベルがあると、涼やかな音が響いておしゃれなムードになる。

トーキンググッズ

会話のきっかけをつくるテーブル上の飾り物を「トーキンググッズ」という。初対面の方々が集うパーティーでは、「かわいいですね」「どちらで買ったのですか？」など、会話のきっかけとなり、楽しさを膨らませてくれる。

ティータオル

イギリスで日常的に使われており、ティータイムには何かと便利なアイテム。トレイに敷いたり、テーブルセンターとして使用したり、ティーセットの上に軽くかぶせておいたりできる。デザインもたくさんあるので、コレクションにするのも楽しい。

ミニトレイ

小さな皿は、さまざまなところで大活躍。シュガーやレモンなどをのせたり、ミルクジャグの下に置いたり、小さなお菓子などをのせても素敵。ミニトレイにレースペーパーを敷けば、アイスティー用のコースターとしても活用できる。

ミニトング

小さなトングは、ティータイムではとても重宝するグッズ。スライスしたレモンをティーカップにいれるときに使用したり、角砂糖を紅茶にいれるときにつまんだり、ハーブをトッピングしたり。キラッと輝く存在も、テーブルを華やかにしてくれる。

ティーバッグレスト

使用済みのティーバッグを置いておく小皿のこと。ティーバッグを取り出した後にティーバッグレストがあれば、他の皿を汚さずに済み、また、使用済みのティーバッグもきちんとして見えるので、ゆったりした気持ちになれるはず。

花でもてなす ティータイム

美しい季節の花でティーテーブルを飾れば、より一層華やかに。

初心者でも簡単、フラワーアレンジ

庭に見立てて葉を添える

葉を庭に見立てて、その庭の中に花を咲かせるイメージで生けると、花の色もより映え、ティーテーブルもより輝きを増す。写真のように、花の茎を短く切って、平たい皿に並べてもOK。

自由なアイデアでアレンジ

自分好みに、自由にアレンジ。注意する点は、着席したときにお互いの顔が見えないような大きすぎるアレンジは避ける。紅茶の香りを消してしまうような香りの強い花は避ける。土がついた鉢植えは避けることの3点。

Point

飾る花の選び方

花を美しく見せるポイントは、グリーンの使い方。花だけを飾るのではなく、アイビーやユーカリ、木イチゴ、ルスカスなどグリーンを多用し、その中に花を飾ると花の存在感がより引き立つ。色合いは、多種多様にするとポップな印象に、同系統でまとめるとエレガントなムードになる。

キャンドルとともにアレンジ

クリスマスシーズンに、キャンドルを添えたフラワーアレンジをする際、キャンドルの下に爪楊枝を3本ほどセロハンテープで固定し、中央に刺して、その周りに花をアレンジすると、キャンドルも安定して見栄えもよくなる。

一輪挿しでシンプルに飾る

背の高い花を飾る場合は思いきって1本だけで生けてみて。シンプルに飾ることで、ティーテーブルも花もより引き立ち、立体感が出て華やかになる。

Part 4

紅茶が主役の旅をする

どこに行っても、そこに紅茶がある国イギリス。
そんなイギリスを紅茶とともに
旅してみましょう。

本場イギリスのティータイム

イギリス人にとって紅茶の存在とは

ヴィクトリア時代（19世紀半ば～20世紀初頭）のイギリスの有名な政治家であるウィリアム・グラッドストン氏が、紅茶についてこんな名言を残しています。

“If you are cold, tea will warm you. If you are too heated, it will cool you. If you are depressed, it will cheer you. If you are excited, it will calm you.”（寒いときは、紅茶が温めてくれます。暑いときは、紅茶が涼ませてくれます。もしも落ち込んでいたら、紅茶が元気づけてくれます。興奮しているときは、紅茶が心を落ち着かせてくれます）〈注〉

紅茶は、いつも私たちの味方になって、よりよい方向へと導いてくれる存在であることを、この名言が示しています。この言葉は紅茶好きなイギリス人の心に深く刻まれているようです。紅茶の話題になるとこの名言を口にする人に、私は何人も出会いました。

〈注〉『The Tea Cyclopedia: A Celebration of the World's Favorite Drink』（Dr. Keith Souter）より

イギリスの街を歩いていると、いたるところにユニオンジャックがはためいている。

緑豊かなイギリス。街の
中にもあちこちに公園が
あり、散歩も楽しめる。

電話ボックス、ポスト、タ
クシー、ダブルデッカー。
イギリスを感じる街角。

紅茶で巡るイギリス人の一日

紅茶とともに一日をスタート

イギリス人は実によく紅茶を飲みますが、多くの人はそのライフスタイルや状況に応じて、いくつかあるティータイムを上手に使い分けています。紅茶の国イギリスには、どんなティータイムがあるのでしょうか。

まず、一日の最初の紅茶は「アーリーモーニングティー」と呼ばれます。まだベッドにいる妻のために夫が紅茶を用意して運ぶ習慣があります。ベッドに横たわったまま紅茶を味わうので、「ベッドティー」とも呼ばれているそう。そして朝食。簡単に済ませるコンチネンタルブレックファストとは対照的に、ボリュームたっぷりで温かい料理も用意されるイングリッシュブレックファストに、熱いミルクティーは欠かせません。

午前中のブレイクタイムは「イレブンジズ」と呼ばれ、ちょうど11時頃のティータイムのことをいいます。家庭では、家事や仕事の手を休めてお湯を沸かし、紅茶でリフレッシュ。もちろん職場でも同様に休憩時間を設けているところもあります。ランチタイムまでもうひと頑張りするパワーを紅茶でチャージするのです。

ゆったりと楽しむ午後の紅茶

午後にはお待ちかねの「アフタヌーンティー」。イギリスといえばアフタヌーンティーというほど、まるでイギリスの代名詞のような存在ともいえましょう。ヴィクトリア時代に上流階級の間ではじまったこのアフタヌーンティーも、すっかりイギリス人の生活に定着。ホテルのラウンジでのアフタヌーンティーは、いまやイギリス観光の目玉にもなっているほどです。

しかしながら、私たちが観光で訪れるゴージャスなアフタヌーンティーは、イギリス人にとっては特別な空間であり、私たちがアフタヌーンティーと聞いてイメージする、3段のケーキスタンドがないとアフタヌーンティーとは呼べないわけではありません。

日常生活の中でも、紅茶をいれ、家族や親しい友人とゆったり楽しむ午後のひとときは、アフタヌーンティーとしてイギリス人の生活に溶け込んだ習慣なのです。

ちなみに、イギリスでは夕食後の飲み物は、紅茶よりもコーヒーを好む人が多いとか。紅茶にはさまざまな種類がありますが、午前中は濃いめのストロングティーにミルクを加える。午後から夜になるにしたがって、香り重視の紅茶が選ばれる傾向にあります。

旅先での紅茶の楽しみ方

貴族の館「マナーハウス」に泊まってみる

イギリスを旅する時に、必ずといっていいほど予定に入れる特別な時間があります。それは、マナーハウスに宿泊することです。

マナーハウス（Manor House）は、かつて貴族たちが所有していた邸宅を改装した宿泊施設のこと。「マナー」とは、貴族たちが所有していた「荘園」のことを意味します。

彼らは、この広大な敷地で狩りや乗馬を楽しんだりしたのでしょう。そして、敷地内の美しい屋敷で、優雅な時間を過ごしていたことが想像されます。

このような屋敷をホテルとして改装し、ゴルフ場や庭園を造り、自然の中ゆったりと過ごすことができるマナーハウスが、イギリス国内のあちこちにあります。そのほとんどが、郊外やカントリーサイド（田舎）にあるので、移動に少し不便を感じますが、むしろそこが魅力なのかもしれません。

ルイ18世が暮らした館ハートウェルハウス

マナーハウスでのアフタヌーンティーはぜひ楽しみたい時間

写真提供：Hartwell House and Spa - Buckinghamshire

昔の邸宅を改修しているため、部屋のタイプもさまざまです。ホテルによっては、部屋ごとにソファやベッドカバーの色合いが異なったり、室内の造りが異なったりしているため、どんな部屋に通されるのかワクワクします。

ホールや階段、建物のあらゆるところに、当時の雰囲気が感じられ、時代を超えて旅をしているような気分に浸れます。ですから、マナーハウスに行った際には、館内のあちこちを探検する時間も楽しんでくださいね。ロビーやレストラン、バー、ライブラリー、それぞれ雰囲気が異なり、そこにかつてどんな人たちが集ったのかしらと想像を掻き立てる瞬間は、マナーハウスに宿泊する醍醐味でもあります。

館内をひととおり探検したら、今度はテラスから庭園に出てみましょう。

テラスの石階段を下りたり上ったりしながら、ふと立ち止まると、きっとかつての貴族たちも眺めたに違いない英国の美しい風景が広がります。夕方の時間帯と、翌朝では、見える景色の色合いも違った美しさを放ち、気分も夢心地に。深呼吸をするたびに、体の中の空気が新鮮に入れ替わっていくことを実感するひとときでもあります。

マナーハウスの多くは近くに何もない場合が多いのですが、小さな町や村の中にあると冒険心をくすぐられます。コッツウォルズ南部カッスルクームにある「ザ・マナーハウス」は、敷地は広大なものの、小さな村にすぐのところにあるため、ホテルを出て村の中のパブに出かけ

カッスルクームにある「ザ・マナーハウス」の別棟コテージ。目の前には教会もあり、鐘の音が心地よく響く

母屋にあるエレガントな石段を
上ると庭園がよく見渡せる

たり、すぐ近くに見える教会に行ったりという体験が、気軽にできます。とても小さな村なので、散策も短時間で楽しめるのも気が楽でいいものです。

マナーハウスで味わう至福の紅茶時間

宿泊施設では、いくつかの紅茶シーンを楽しむことができます。

まずは、部屋。イギリスのホテルのほとんどは、各部屋に紅茶セットやビスケットなどが置いてあるので、小さなティータイムを味わえます。

ほとんどのマナーハウスでは、アフタヌーンティーを提供していますので、ホテル予約の際にあわせて予約しておくとよいでしょう。紅茶好きにとって、マナーハウスでのアフタヌーンティーは、旅のクライマックスともいえる時間です。当日のファッションの準備も含めて、旅行前から楽しみを重ねていきたいものです。

アフタヌーンティーを味わうほどの時間とお腹の余裕がないときは、クリームティー（スコーンと紅茶のセット）や、紅茶だけでも十分に楽しめます。

特に冬の寒い日のティータイムは、暖炉の火で癒され、やさしい暖かさを感じられます。私はこの時間がたまらなく好きでした。

そういえば、イギリスで冬の過ごし方を知ってからは、日常生活にも変化がありました。

以前は春や夏が好きだったのですが、今ではこの雪深い秋田県に住みながらも、秋冬の寒い季節がとても好きです。イギリスを好きになったことで、寒い時期に紅茶を味わいながら過ごす時間がより一層愛おしく思えるようになりました。

素敵なマナーハウスで味わう紅茶時間、心に残らないはずがありません。今思い出しても、そのときの空気感とともによみがえるのです。そして、そのひとときを思い出すたびに、心が癒されて、日々の雑然としたことが静かに消えていくのを感じます。

新型コロナウィルス感染拡大により、旅行に出かけることが難しくなった時期でも、心に残るティータイムの思い出の数々に、何度も励まされました。旅行ができない不自由さをはるかに超越した、思い出の持つ強さ。

思い出は、過去のものではありません。美しい思い出は、未来に生きるのです。

美しい景色を堪能できる列車の中のティータイム

イギリスに詳しい旅行ライターの方から、イギリス国内を列車で移動するなら「ブリットレイルパス」というパスがおすすめだと聞きました。私はさっそく4日間乗り降り自由のパスを日本で購入し、列車の旅を楽しみました。

ブリットレイルパスは、イギリス国外に在住している人だけが買えるお得なチケット。

イギリス国内では購入できず、渡英前に自国で購入する必要があります。有効期限や利用地域が細かく設定されており、期限が長くて使える地域が広いほど、チケットの金額は高くなります。詳しい情報を知りたい方は、「ブリットレイルパス」で検索してみてください。

私は、スコットランドのエディンバラから、陶磁器の町ストーク・オン・トレント経由でロンドンまで移動しましたが、4日間有効のパスの料金で、すでに片道分の運賃は軽くカバーできてしまうほどのお得な価格でした。

このパスを使うのは初めてだったので、一等車を選択。一等車は、日本の新幹線でいうグリーン車のようなもので、列車によっては、飲み物や軽食の無料サービスもあり、とても得した気分を味わえました。

何よりも感動的なのは、窓の外に広がる景色の移ろいを眺めながら、熱い紅茶を味わえること。紙コップにティーバッグでサービスされることがほとんどですが、陶磁器製のカップでサービスされることもありました。利用する列車によってサービス内容が違うのも楽しい経験です。

列車に乗っていると、町の様子や遠くに見える教会、海岸線や木々の緑、空の色と流れる雲、ちょっと変わった響きの駅名など、目にするものすべてに心を奪われます。あまりの感動で、心の温度が上昇するのを感じ、あわてて紅茶を口に運ぶと、落ち着きを取り戻し、しあわ

列車から見える街並みを眺めるのも旅行の醍醐味

緑豊かなイギリスの風景を眺めながら紅茶を楽しめる列車は、動くティールーム

せな気持ちが紅茶とともに静かに体中に流れていくのを感じます。

スーパーマーケットで出合う紅茶

紅茶を求めてショッピングに出かけるのも、旅先での楽しみのひとつです。有名な紅茶専門店はもちろんですが、ぜひ出かけてみたいのが、現地のスーパーマーケット。現地の暮らしを垣間見られる場所でもあり、また、日本では売られていないブランドの紅茶を、リーズナブルに購入できる場所でもあります。

イギリスの有名なスーパーマーケットといえば、「TESCO（テスコ）」「Sainsbury's（セインズベリーズ）」「M&S（マークス&スペンサー）」「Waitrose（ウェイトローズ）」などがありますが、その他の店でも十分にそのムードや食品のバラエティを楽しむことができます。このようなスーパーマーケットでは、紅茶専門店では売られていない、日常使い用の商品が揃っており、特に、各スーパーマーケットが展開するPB商品（プライベートブランド）はおみやげにも重宝します。

イギリスは、PB商品の開発や取扱いに関しては世界一の先進国でもあり、店舗によっては、「すべてPBのみの品揃え」というところもあるほどです。特に紅茶関連の商品は、パッケージもかわいらしいものが多く、アイテムも豊富で、選ぶ楽しみが広がります。

現地の暮らしを知るなら均一ショップも面白い

ほかに面白いお店といえば、日本でいうところの100円均一のお店。なんでも1ポンドで購入できる「Poundland（ポンドランド）」や、それよりも安い「SAM99p（サム99p）」などがあり、便利です。

ナショナルブランドの紅茶製品も販売されていますが、スーパーマーケットで販売されているものとはデザインや内容量が違い、オリジナルの商品であることがわかります。

暮らす感覚で過ごしたいホテル滞在

マナーハウスの話でも述べたとおり、ホテルの部屋には紅茶セットが用意されています。もしなければ、ホテルにお願いすると運んできてくれます。スーパーマーケットや均一ショップで見つけた現地の紅茶は、もちろんおみやげにするのもおすすめですが、せめてひとつは自分用にして、部屋で味わってみましょう。

自分で見つけて買ってきた紅茶で、自分だけのティータイム。舞台は、紅茶の国イギリス。想像しただけでも、心躍るシーンです。

例えばロンドンに滞在する場合、ホテルから近いスーパーマーケットに買い物に出かけます。

道中の景色やあちこちに飾られる美しい花を眺めながら、スーパーマーケットで紅茶を選び、みずみずしい季節のフルーツや紅茶に合いそうなビスケットを購入して、ホテルの部屋に戻る。お湯を沸かして紅茶をいれ、買ってきたものと一緒に小さなティータイムを味わうひととき。

こんなふうに、暮らすような感覚で過ごすティータイムの体験は、これから先の人生を明るく輝かせる、かけがえのない時間にきっとなるはずです。

いつまでも、自分だけの心にあたたかく生き続ける至福のティータイムを、旅先でぜひお楽しみください。

街角で見つけた季節のフルーツ。イチゴは甘くて瑞々しい夏のフルーツだ。

ホテルの部屋でも紅茶でゆっくりくつろぎたい。

町のあちこちに飾られている花を眺めながら歩くのも楽しい。

とびきり素敵なものを選びましょう

喜ばれるティータイムギフト

ティータイムを素敵に彩る、
そんなギフトを贈りましょう。

Souvenir 1

ミニ紅茶缶

紅茶が入ったミニ缶は、ちょっとしたギフトに重宝です。イギリスらしい雰囲気やキャラクターものなど、かわいさ抜群。受け取る側も負担にならない程度の手のひらサイズが魅力的。空き缶は、小物入れにも便利です。

Souvenir 2

ペーパーナプキン

ヨーロッパのペーパーナプキンは、厚手でしっかりしたものが多くあります。絵柄も豊富なので、季節や好みに合わせて選んでみましょう。鮮やかなペーパーナプキンは、お菓子をのせたり、カップの下に敷いたりすることで、テーブルに華やぎを与えます。

Souvenir 3

ジャム＆はちみつ

暮らしのあちこちにジャムが登場するイギリスでは、その品数も豊富です。サイズも大きなものから小さなものまでさまざま。ミニ紅茶缶同様、手のひらサイズのギフトは手軽&気軽。はちみつも、おいしさはもちろん、パッケージも素敵で心がときめきます。瓶の中に詰まった小さな幸せが、食卓に彩りを添えるでしょう。

Souvenir 4

お菓子

ティータイムのお菓子が豊富なイギリス。素敵なスイーツショップもたくさんありますが、おすすめはスーパーマーケットのお菓子売り場です。日本では買えない商品や、かわいいパッケージのものは、お土産用にも自分用にも選ぶ楽しみが溢れます。ティータイムのお供にぜひおすすめしたいジャンルです。

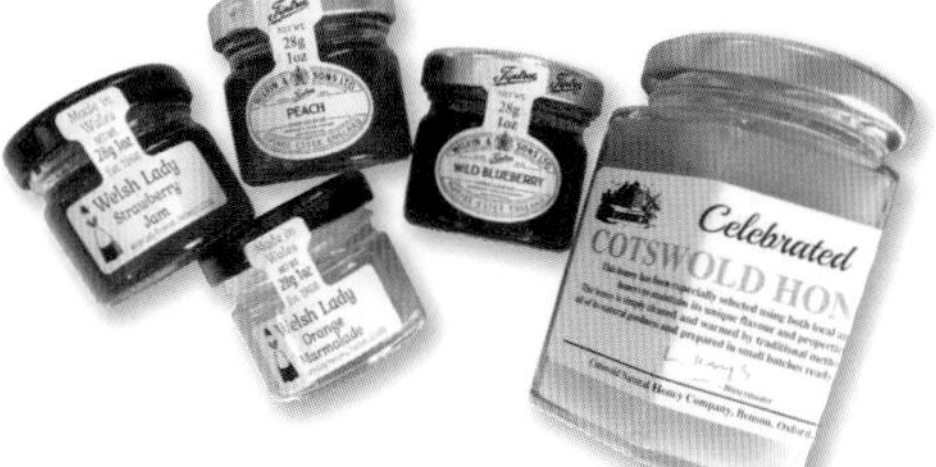

イギリスの紅茶栽培への取り組み

茶樹の生育にふさわしい環境や気候条件に合わないため、長らくイギリスは、商業的に紅茶栽培を行なうのは難しい国とされてきました。

しかし、2005年、南西イングランドのコーンウォールにあるトレゴスナンで、ついに紅茶栽培に成功しました。当初は収穫量がごく少量だったこともあり、価格も高く入手するのもたいへん困難でしたが、次第に生産体制も安定し、多彩な商品が展開されるようになりました。

イギリス産の紅茶は、イギリス国内の有名ティールームでも取り扱いが増えてきているようです。ティールームのメニューでイギリス産紅茶を見つけたい場合は、次のような名称に注目してください。

・Tregothnan Black Tea（トレゴスナンブラックティー）
・Cornish Grown Tea（コーニッシュグロウンティー）

「Tregothnan」(トレゴスナン)は、栽培している茶園の名称、「Black Tea」は紅茶のこと。トレゴスナンでは緑茶も生産しているため、紅茶が飲みたい場合には注意が必要です。

「Cornish Grown Tea」は「コーンウォール産紅茶」を意味します。

ティールームによって、メニュー上の表現がまちまちのため戸惑うこともありますが、この２つの表現を覚えておくとよいでしょう。

トレゴスナン紅茶は、落ち着いたマイルドな味わいで、後味もなめらか。インドや中国の紅茶をブレンドして、新たな味わいも広げています。

純粋なイギリス産紅茶を味わいたい場合は、「Single Estate Black Tea」（シングルエステートブラックティー）を選びましょう。訳すと、「単一茶園紅茶」で、その茶園で採れた茶葉だけでつくったという意味です。「シングルエステート」は、インドやスリランカの紅茶でも茶園別紅茶としてときどき見かけますので、覚えておくと紅茶選びの幅も広がります。

Part 5

紅茶にまつわる物語

誕生以来、紅茶は歴史上の偉人から一般市民にいたるまで多くの人を魅了し、イギリスを中心にたくさんの出来事を生んできました。

紅茶文化の歴史

中国で生まれた茶が世界中に広まるまで

中国からヨーロッパに伝わった茶が、
さまざまな出来事をくぐり抜けて
紅茶文化として確立されていきました。

8世紀

760年頃　唐時代の陸羽鴻漸《りくうこうぜん》が『茶経』を著す

茶のいれ方や茶器、茶樹などについて記されており、この書物の登場により、唐では喫茶の習慣が広がりをみせる。800年代には、日本にも伝わった。

17世紀

1600年　イギリス東インド会社設立

1602年　オランダ連合東インド会社設立

1610年　オランダ東インド会社が、長崎の平戸から日本茶をオランダへ送る

ヨーロッパの国々がアジアの豊富な文化や食材を求め、領土の確保に乗り出した時代。茶がはじめてヨーロッパに渡ったのもこの頃。

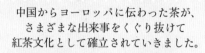

1650年頃 イギリス最初のコーヒーハウスがオックスフォードに登場

1658年 イギリスではじめての茶の広告が掲載

1662年 ポルトガルのブラガンザ家キャサリンがイギリス国王チャールズ2世と結婚

ヨーロッパの他の国に少し遅れて、イギリスにも茶が伝わる。コーヒーハウスと英国王室という2つの場所を舞台に茶が広まっていった。

18世紀

1706年 「トワイニング」創業

1707年 高級食材店「フォートナム・アンド・メイソン」創業

1709年 ドイツでベドガー氏が磁器製造に成功

1717年 女性が入店できる紅茶専門店「ゴールデン・ライオン」がトワイニングにより開店

18世紀

1721年
イギリス東インド会社が中国からの茶の輸入を独占
上流階級を中心に茶が少しずつ広がりを見せる中、現在でもなじみ深い有名紅茶ブランドが誕生し、茶はイギリスでどんどん存在感を高める。

1750年頃
イギリスでボーンチャイナが発明される

1759年
陶磁器メーカー「ウェッジウッド」創業
茶とともに茶器も発展。ヨーロッパ人が憧れた白磁製造に成功するとたちまち磁器製造がヨーロッパ各国に広まり、イギリスでもボーンチャイナが誕生。

1773年
ボストン茶会事件

1775年
アメリカ独立戦争(〜1783年)
ボストン茶会事件がきっかけとなり、アメリカ独立戦争にいたる。イギリスの茶への執着ゆえに起こった出来事。

19世紀

1823年　イギリス人のブルース大佐がインドのアッサムで野生の茶樹を発見

1837年　ヴィクトリア女王即位（～1901年）

1839年頃　アッサムカンパニーの設立

1840年　アヘン戦争（～1842年）

1840年頃　ベッドフォード公爵夫人アンナ・マリアによってアフタヌーンティーの習慣が誕生

1850年　ティークリッパー時代のはじまり（～1870年代）

ヴィクトリア女王が即位した後のイギリスは、紅茶に関する情報がどんどん豊富になり、まさに紅茶文化が開花した華々しい時代となる。その一方で、茶の生産地や生産地からの輸送を巡り、さまざまな出来事が発生。そのひとつがアヘン戦争で、この戦争に勝利したイギリスは香港を獲得（1997年に返還）。

19世紀

1856年頃 インドのダージリンで茶栽培がはじまる

1861年頃 インドのニルギリで茶栽培がはじまる

1866年頃 セイロンで紅茶産業がスタート

1869年 スエズ運河開通

中国以外に茶栽培ができる場所を求めて躍起になるイギリスは、中国から得た茶栽培や製茶技術をもとに、植民地であるインドに茶の可能性を広げていく。この頃、インドのカルカッタにティーオークションも開設された。

20世紀

1896年 ティーバッグの原型であるティーボールが発案される

1904年 アメリカのセントルイスで開催された万国博覧会でアイスティーが誕生

1906年 外国産銘柄包装紅茶がはじめて日本に輸入される(明治屋がリプトン紅茶を輸入)

1908年 アメリカでティーバッグが商品化される

紅茶流通が活発になると、新たな商品が展開。アイデアあふれる新たな紅茶は、アメリカで生まれたものが多く、アイスティーやティーバッグはこの時期誕生した。

1927年
日本初の国産包装ブランド紅茶「三井紅茶」が発売される

1930年
日本初のティーハウス「リプトン」が京都にオープン
20世紀に入ると、日本でも紅茶が登場する機会が増え、上流階級や政治家、文化人などを中心に喫茶の習慣が広まっていった。

1961年
ティーバッグ自動包装機械が輸入され、日本でティーバッグ製品の製造がスタート

1971年
日本で紅茶輸入の自由化

1975年
日本ではじめての缶入り紅茶飲料発売
ティーバッグ製造が本格化し、紅茶の輸入が自由化されたことにより、紅茶は一般家庭に普及。食の西洋化の影響もあり、ティーバッグを中心に需要を拡大。

紅茶のふるさとは中国

中国でもヨーロッパでも茶のはじまりは「緑茶」

現在私たちが飲んでいるような発酵酸化の進んだ味わいの、赤褐色の「紅茶」がつくられるようになったのは、18世紀以降のことといわれています。

それ以前の茶、つまりヨーロッパ（オランダ）にはじめて伝わった茶も、17世紀半ばにイギリスに伝わった茶も、紅茶ではなく「緑茶」でした。現在では、世界中で飲まれ、たくさんの地域で生産されている茶ですが、そのルーツは中国にあります。

長寿の薬として広がった茶文化

中国では他国に先立って、鍋や釜で茶葉を煮出して茶液を飲むことが行なわれており、不老長寿の仙薬として広まっていきました。その後、文献としても茶が紹介されます。760年頃、唐の時代に陸羽鴻漸（文筆家）が『茶経』を記しました。この書物には、茶のいれ方や茶器、茶樹のことなどが記されており、茶に関しての世界最古の専門書でもあります。

この専門書の登場により、喫茶の習慣は大きな広がりを見せ、その話題は中国を越えて海外へも渡り、800年代には日本にも広まっていきました。

日本には空海らがもち込んだ？

日本では805年頃、空海、最澄らが茶の種子を唐から日本にもち帰ったといわれており、これが日本に伝わった最初の茶といわれています。その後、815年の『日本後紀』に日本ではじめての喫茶に関する内容が記録されました。

中国から伝わった茶が日本に定着するようになったのは、12世紀の終わり頃です。栄西禅師が中国から茶の種子をもち帰ってまいたことにより、日本に茶が定着したといわれています。

その後、栄西禅師は日本最古の茶の専門書『喫茶養生記』を著し、源実朝に献上しました。献上した背景には、実朝の二日酔いを解消する狙いがあったといわれており、茶の効能やつくり方について記されたこの書物により、茶文化拡大の基礎が築かれました。

中国で誕生して発展した茶は、やがてヨーロッパへと伝わることとなりますが、中国や日本の茶も、そしてヨーロッパへ伝わった茶も、最初はその効能を讃えるものが中心でした。

ヨーロッパ各国の茶との出会い

オランダによってもたらされたヨーロッパ初の茶

オランダによってもたらされたヨーロッパ初の茶。

中国や日本が茶と関わってきた年月の長さと比較すると、ヨーロッパにおける茶の歴史はまだまだ短く、400年ほどです。

ヨーロッパ人が茶に関する情報をはじめて書き記したのは、ヴェネチアのラムージオの『航海と旅行』で、16世紀半ばのことでした。旅行家だったラムージオは、ペルシャ商人からの茶の情報を得て、著書の中に記しています。ここには、体の痛みなどに効く飲み物が中国で飲まれている、ということが綴られていたそうです。その後、実際に茶がヨーロッパにもたらされたのは、1610年頃とされています。国はオランダでした。

銀で経済力を高めたオランダは、1602年に連合東インド会社を設立。このオランダ東インド会社がアジアの数カ所に商館を設置しましたが、そのひとつが長崎の平戸に置かれました。

1610年に、この平戸の地でオランダ人が緑茶を買いつけ、オランダに運びました。

これがヨーロッパにもたらされた茶だったといわれています。しかし、当時はたいへん高価で、口にすることができたのは貴族のほんの一部の人々だったようです。

今から約400年前にはじめて茶が伝わったヨーロッパ。それは日本の緑茶だったといわれている。

イギリスには遅れて伝わった

茶が登場したコーヒーハウスとは

東洋進出において、イギリスは他国よりも遅れを取っていました。1600年に設立したイギリス東インド会社は、オランダに遅れること4年、1613年に長崎の平戸に商館を設置しましたが、その後撤退。1644年に中国福建省のアモイに交易の拠点を設け、イギリス人はここではじめて茶文化と出会うのです。

茶がイギリスではじめて一般市民の前にも登場したのは、1600年代半ばといわれます。当時イギリス国内では、「コーヒーハウス」と呼ばれる店が次々と出店され、コーヒーやチョコレートとともに、茶も舶来飲料として飲むことができました。入店に関する階級制限などもなく、誰でも自由に入ることのできたコーヒーハウスでは、新聞や雑誌などを自由に読むことができ、新しいビジネスや新しい思想、ジャーナリズムを生む場所としても、大いに栄えていきました。1683年には約3000軒ものコーヒーハウスがロンドンにあったといわれてい

イギリスのコーヒーハウスで、体によい飲み物として紹介された茶。イラストは茶の木、カメリア・シネンシス。

ます。

茶の効用をポスターや広告で紹介

1657年に開店したコーヒーハウス「ギャラウェイ」は、茶の効用を列挙したポスターを店内に貼り出したことで有名です。ポスターには、茶が体によい飲み物であることが20項目にわたり紹介されており、あらゆる病気に効く飲み物として販売されました。

翌年には、イギリスで初めての茶に関する広告が『政治通報』(Mercurius Politicus) に掲載されました。この内容は茶の効用に関するもの。

このように、茶は中国からやってきた体によい飲み物として人々に知られるようになりました。

紅茶を愛した女性たち①
キャサリン王妃

茶文化とともに嫁いだ女性―キャサリン王妃―

イギリスで最初の「ティー・ドリンキング・クイーン」として知られているのが、キャサリン王妃です。キャサリン王妃は、ポルトガル王家ブラガンザ家の出身。16世紀に他のヨーロッパ諸国に先駆けて富強の国となったポルトガルでしたが、17世紀には国力が衰えてしまい、国の再起を図るために政略結婚を企てます。これにより、1662年、キャサリンはイギリスのチャールズ2世（在位1660～1685年）のもとへと嫁ぎました。

このとき、キャサリンが持参したものの中にあったのが「茶」でした。茶の他に、茶道具や大量の砂糖が船に積まれ、イギリスへともち込まれました。キャサリンが持参した大量の砂糖ですが、もともとイギリス王室は銀を要求していたといわれています。

しかし、国力の衰えたポルトガルは、約束の銀を用意できず代わりに砂糖を持参します。砂糖は当時、銀と同等の価値がある貴重品でしたが、ヨーロッパにはまだ砂糖が伝わっていいな

ポルトガルからイギリス王室へ嫁いだキャサリン王妃が、喫茶の風習を広めていった。

かったのです。

イギリス王室に同時にもたらされた茶と砂糖で、キャサリン王妃はポルトガルでたしなんでいた喫茶の風習を宮廷内に広めました。当時貴重品であった茶と砂糖に、これもまたキャサリン王妃が持参した陶磁器を用いて茶を味わう時間は、たちまち宮廷内の貴婦人たちを魅了したのです。

ここで想像していただきたいのが、そのとき飲まれていた茶の香味。イギリス王室に最初にもたらされた茶は、現在のような酸化発酵の進んだ紅茶ではなく、中国産の緑茶だったといわれます。

緑茶に砂糖をいれた味わいを想像し、当時に思いをはせてみてください。

紅茶を愛した女性たち②
メアリー女王、アン女王

茶と東洋文化を愛した女王

チャールズ2世の死後、王位に就いたのが、弟のジェームズ2世（在位1685～1688年）でした。彼はたいへん熱心なカトリック教徒だったこともあり、カトリック教の復活に反対する議会との関係はよいものではなく、ジェームズ2世に王子が誕生するとその関係はさらに悪くなります。そこで議会は、ジェームズ2世の長女であるメアリー2世（在位1689～1694年）がオランダ公ウィリアム3世と結婚したことで、この2人をイギリスに迎えいれることを決議するのです。

ジェームズ2世はフランスへと逃れたため、オランダ公ウィリアム3世とメアリー2世はすんなりと王位に就きます。ここから2人による共同統治時代がはじまりました。

女王となったメアリーは、オランダでの生活ですでに喫茶の習慣を味わっていました。そして、中国などの東洋の磁器を収集していたともいわれ、生活に東洋文化を取りいれていました。

生活の中に、陶磁器や茶をはじめとした東洋文化を取りいれる「シノワズリー」が、上流階級の間でステータスとなっていきました。共同統治時代の後王位に就いたのは、メアリーの妹のアン女王（在位1702〜1714年）でした。アン女王もまた、シノワズリー愛好家で、「チャイナ」と呼ばれる中国の陶磁器や、「ジャパン」と呼ばれた日本の漆器を愛好し、それが高じてオリジナルデザインの洋梨形の銀のポットをつくらせて愛用しました。

このポットは、「クイーン・アン・スタイル」と呼ばれ、今でも受け継がれています。また、ウィンザー城に茶室をつくり、お茶好きな女王として名を残しました。1662年にポルトガルから嫁いだキャサリン王妃、オランダの文化に触れたメアリー2世、そしてアン女王と3代にわたったお茶好き女王の時代は50年以上続きました。この間に、喫茶の風習はイギリス宮廷内に留まらず、そこから貴族へ、そして高級官僚へと広まっていきます。

初のティーショップ「ゴールデン・ライオン」が登場

この頃にはロンドン市内の食料品店でも茶の販売をする店が登場しました。1706年にはトワイニングが、「トムズ・コーヒーハウス」をオープン。1717年にはイギリス初の紅茶専門店「ゴールデン・ライオン」を開店。これまでのコーヒーハウスと異なり、女性も入店できたこの店は、イギリス初のティーショップでした。

あの出来事は紅茶から①
東インド会社の繁栄

東インド会社誕生の理由とその歴史的背景

歴史の教科書の中に必ず登場する「東インド会社」。

この「インド」とは、インド国のことではなくアジア全般を指しています。ヨーロッパ各国で設立された東インド会社は、新航路を開拓したヨーロッパ人が、アジアの産物の交易を行なうために設立した貿易会社として、特にヨーロッパ各国での茶の普及に大きな役割を果たしていきます。

1600年、イギリスではロンドンの商人たちがエリザベス1世に請願していた「イギリス東インド会社」の設立が許可されます。

エリザベス1世の勅令によって設立されたこの会社は、女王の特許状により、貿易や産業の独占が保証されていました。

その後、イギリス東インド会社の設立に刺激されたオランダが、1602年に「総オランダ

イギリス東インド会社はイギリス国内の茶を独占。茶の輸入量の増加とともに莫大な利益を上げた。

特許東インド会社」を設立しました。ここにいたる数年間に、オランダではアジアと貿易をする会社が増えていました。そのため、過当競争で共倒れしてしまうことを恐れた当時の政治家が、各社の統合を提案して「総オランダ特許東インド会社」、略して「連合東インド会社」が設立されます。これは世界ではじめての株式会社ともいわれています。

茶の効用をポスターや広告で紹介

オランダ東インド会社は、ジャワ島に総督府を置き、アジア貿易に積極的に乗り出していきました。そして、日本の長崎・平戸で緑茶を買いつけ、ヨーロッパへはじめて茶をもたらしたのです。

一方、イギリス東インド会社は、設立当時はオランダと競り合うには厳しい状況にありました。そのため、イギリスはインドに拠点を置きます。

そして、オランダが度重なる戦争の敗北で国力を弱めていく中、17世紀後半になると東インド会社の勢力もイギリスが力をつけることにより、逆転していったのです。

インドで茶の栽培が行なわれるまでの間、イギリスが中国から輸入する茶は、すべてこのイギリス東インド会社の独占貿易であり、会社はこの取引で莫大な利益を上げていきました。

しかし、時代の流れとともに貿易も自由競争の時代へと変わっていき、イギリス東インド会社は、１８７０年代に完全に姿を消しました。

あの出来事は紅茶から②ボストン茶会事件

イギリスの重税に苦しむアメリカの反英運動

1773年にボストンで起こった茶を巡る出来事は、1775年のアメリカ独立戦争の引き金になった歴史上の大事件です。当時フランス領だった北アメリカ獲得のために起こった七年戦争（1756〜1763年）により、イギリスは財政難に陥っていました。そこで、時の国王ジョージ3世が砂糖法（1764年）や印紙法（1765年）を発布したため、重税に苦しむアメリカの植民者たちは反対運動を起こします。イギリスからの輸入品を拒み、イギリスから輸入される茶を拒絶するようになったのです。

この反英運動により、イギリスは輸出先を失うこととなります。

高まる反英運動は、禁茶運動にもつながりました。茶の代わりに別のものを代用として飲用したり、一部の地域では反英運動団体の許可証がなければ茶を購入できなくなったりするなど、イギリスから入ってくる茶は、アメリカで強く拒否されるようになったのです。

歴史の教科書にも必ずといっていいほど登場する「ボストン茶会事件（ボストンティーパーティー）」。茶という切り口から見ても、重要な出来事だった。

ボストン湾に大量の茶が捨てられた日

そして、1773年12月16日に大きな事件へと発展しました。茶を積んだ船がボストン港に入港してくると、茶だけが陸揚げを拒否されます。これに対し、ボストン総督が陸揚げを強行しようとしたことから、反対したボストン市民約数十人が、顔や体にススを塗ってインディアンに変装し、船を襲撃したのです。

積まれていた大量の茶箱すべてが、反対したボストン市民によってボストン湾に投げ捨てられたこの事件は、ボストン湾がまるで大量の茶で満たされたポットのようであったことから、「ボストン茶会事件」と呼ばれました。このような事件が他でも相次ぎ、1775年のアメリカ独立戦争へと発展していきました。

あの出来事は紅茶から③
アヘン戦争

イギリスが企てた英中印の三角貿易

19世紀に入り、イギリス国内では茶の消費がどんどん拡大しましたが、清（中国）から輸入する茶に対して支払う銀の流出について批判が高まり、問題視されました。

イギリスは、銀の流出を防ぐために、イギリスの植民地であるインドで栽培したアヘンの密輸を開始していました。また、かつてイギリスがインドから輸入していた木綿は、産業革命により完全にイギリスの産業へと移っていきました。このような背景から、イギリスは清へ流出する銀の流れを、インドを含めた三角貿易によって解決しようとしたのです。

つまり、イギリスからインドへ綿製品を輸出し、インド産のアヘンを清へ輸出、清の茶はイギリスへ輸出という三角貿易を成立させようとしました。

しかし、イギリス都合のこの貿易関係は、清国内に財政混乱を来します。その上、麻薬の一種であるアヘンによって、健康被害などの問題が起こり、清はアヘンの輸入を禁止します。

しかし、その後もアヘンは密輸され続けたため、清は林則徐を広州に派遣し、イギリスへの抗議としてアヘンを押収し焼却したのです。これに対して、イギリスが軍を送り込んだことで清との間に起こった戦いが、1840年に発生したアヘン戦争です。

アヘン戦争で勝利したイギリスが得たもの

1842年まで続いたアヘン戦争は、イギリスの勝利で幕を閉じますが、このときに締結した南京条約により、香港がイギリス領として期限つきで割譲されました（のちに1997年7月1日に返還）。

また、焼却されたアヘンと軍事費用の損害賠償も認められました。大きな戦争まで巻き起こして中国からの茶の輸入に執着していたイギリスですが、同時期に並行して行なわれていたインドでの紅茶栽培に成功したこともあり、皮肉なことに、イギリスの茶に関する興味は中国からインドやスリランカといったアジアの他の地域へ向けられます。

より酸化が進んだコクのある味わいの紅茶を好んだイギリス人は、より好みに合った紅茶の栽培を、植民地であるインドやスリランカを中心に展開していきました。

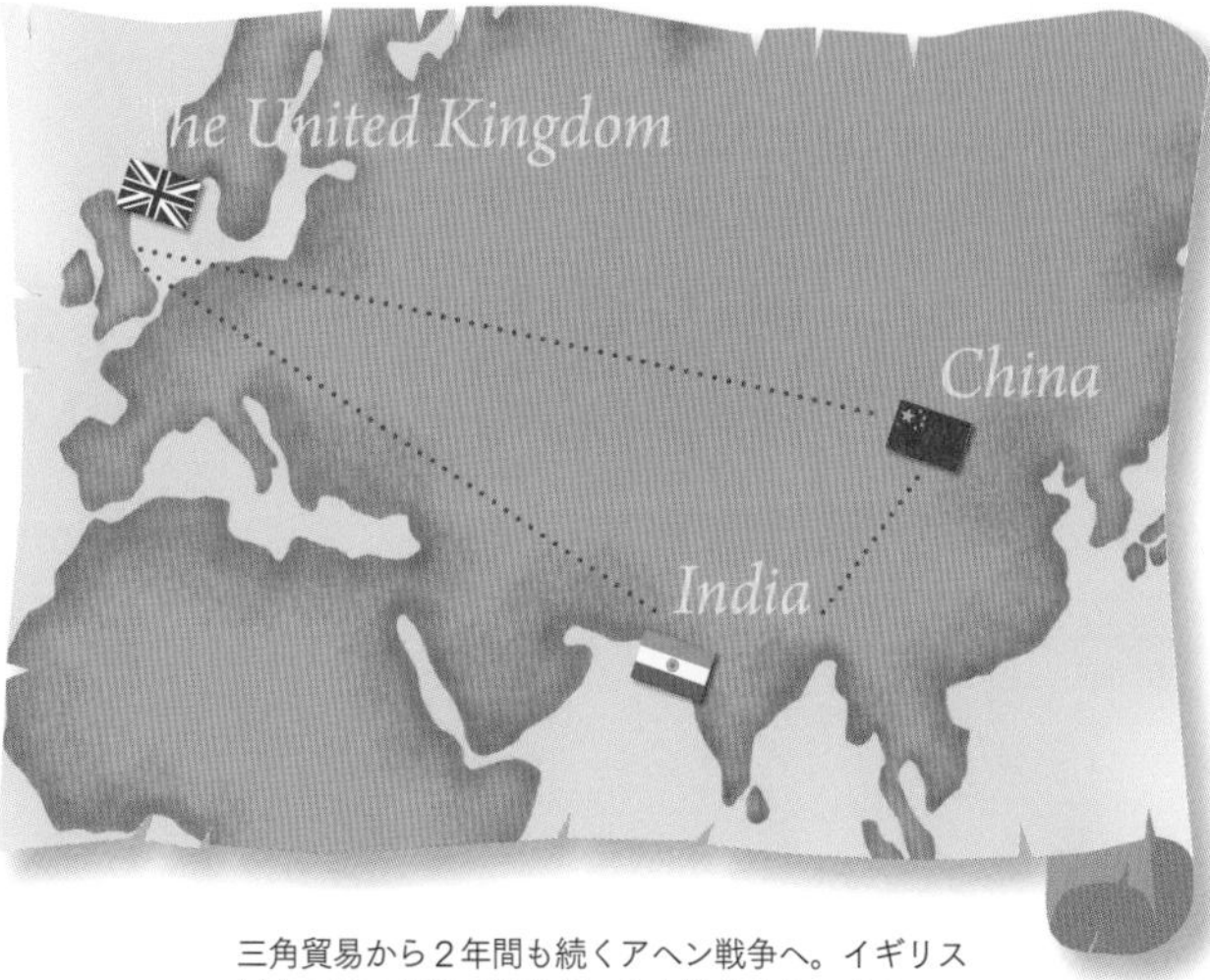

三角貿易から２年間も続くアヘン戦争へ。イギリス国内の茶の需要が引き起こした戦争ともいえる。

貴族たちによって、紅茶文化が開花する

公爵夫人アンナ・マリアにより
アフタヌーンティーが誕生

ヴィクトリア時代の紅茶文化について特筆すべきは、まず「アフタヌーンティー」習慣の誕生です。１８４０年代、ベッドフォード公爵夫人のアンナ・マリアが考案したこの習慣は、貴族の当時の夕食が午後8時頃で、昼食からの時間があまりにも長く、夕方になると空腹を感じ、気分も沈んでしまうことから召し使いに頼んで紅茶とバターつきのパンを運ばせたことがきっかけでした。

夕方のこのささやかなひとときをとても気に入ったアンナ・マリアは、自分の屋敷でのお茶会を計画します。貴婦人たちが集い、午後のひとときにお茶を飲みながら楽しくおしゃべりをする、社交を目的としたティータイムが誕生したのです。

有名紅茶会社の創業で市民も紅茶を楽しむように

ヴィクトリア時代のもうひとつの特筆すべきことは、紅茶会社の誕生です。ヴィクトリア時代に紅茶会社がたくさん誕生したことで、紅茶の流通も盛んになり、かつては上流階級の人々でなければ味わうことのできなかった紅茶を、一般市民も楽しめるようになったのです。

そして、アンナ・マリアがはじめたアフタ

ヌーンティーの習慣も、次第に多くの人々に広まっていきました。

1850年代にはまだそれほど多くなかった紅茶会社がどんどん増えたことにより、1890年頃には紅茶を飲む人口も増加、ひとり当たりの消費量も増えていき、需要と供給の関係はともに拡大していきました。

当時のイギリスでは、禁酒が奨励され、紅茶はアルコールに代わる飲み物として日常生活に欠かすことのできない存在となっていきました。ハイドパークをはじめとするさまざまな公園に、紅茶を楽しめるティーガーデンがつくられるようになったのもこの頃で、外出先でも紅茶が楽しまれるようになっていきます。

こうして19世紀末にはイギリスの紅茶文化はしっかりと定着し、イギリス人にとって紅茶は国民的飲料となっていったのです。

ヴィクトリア女王がはじめた今に伝わる素敵な習慣

19世紀半ばには、料理の基本やレシピ、家事に関するバイブル的な書籍『ビートン夫人の家政読本』が刊行され、イギリス中で話題になりました。この本の中には、「紅茶のいれ方」も紹介されており、家庭で味わう紅茶のいれ方について紹介された最初のものでもありました。

紅茶文化がこのように花開いていく中、ヴィクトリア女王は、一国の君主でありながら、妻

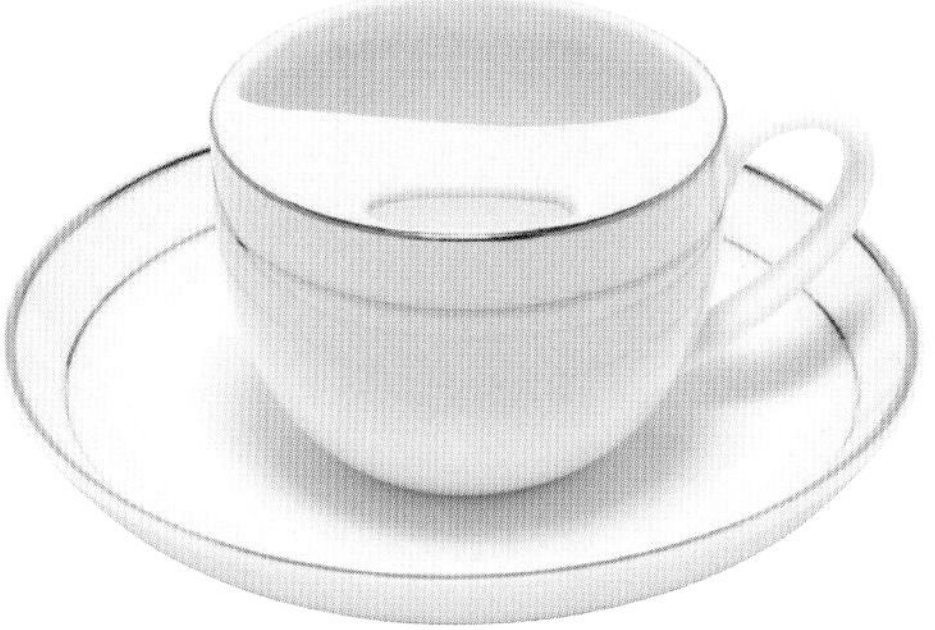

口ヒゲを濡らさないようにして紅茶を飲むためのカップ。ヴィクトリア時代に考案された。

であり母親でもありました。家族と過ごす時間を大切にし、その暮らしぶりを、積極的に国民に見せていった最初の人でもあります。

ヴィクトリア女王によってはじめられ、現在では当たり前になった習慣もあります。

例えば、ウエディングドレス。今では純白のウエディングドレスは当たり前になっていますが、これを定着させたのがヴィクトリア女王でした。「純潔」を表す白いウエディングドレスは、ヴィクトリア女王が着用したことによって、瞬く間にイギリスに広まっていきました。

インド・セイロン茶の普及

インド、セイロンでの紅茶栽培の拡大

1823年、イギリスのブルース大佐により、インドのアッサム地方で自生の茶樹が発見されます。それまでの中国種とは異なる品種（アッサム種）の茶樹でした。これが大きなきっかけとなってジャングルを開拓し、アッサム地方での茶樹の栽培がどんどん拡大していきます。

その後、アッサムに紅茶生産会社「アッサムカンパニー」が設立されます。ここでは、中国とは異なる大規模プランテーションによる栽培、機械による紅茶製造が行なわれ、インドでの紅茶栽培は急速に成長します。

一方、インドの南に位置する小さな島スリランカは、当時セイロンという国名でした。セイロンでは、イギリス人植民者を中心にコーヒー栽培がスタートし、成功を収めます。しかし、コーヒーの木が枯れてしまうサビ病によりコーヒー栽培は衰退し、代わりに紅茶栽培が展開されました。

当時、セイロン紅茶の発展に貢献したのが、スコットランド人のジェームズ・テイラー氏です。彼はセイロンで最初の製茶工場を立ち上げて紅茶栽培の基礎を築き、「セイロン紅茶の父」と呼ばれました。

「茶園から直接ティーポットへ」リプトンの紅茶ビジネス

もうひとり、セイロン紅茶の発展に尽力した人物が、リプトン紅茶の創始者であるトーマス・リプトン氏です。彼は子どもの頃からアイデアセンスに富み、10代のときにアメリカに渡り、現場の仕事を通じてビジネスを学びました。

1871年、食料品店「リプトン・マーケット」をグラスゴーに開店します。しかし、当時は紅茶の取り扱いはありませんでした。1890年、オーストラリアへの船旅の途中で立ち寄ったセイロンで、リプトン氏は紅茶の世界へ大きく動き出します。ウバ地区の茶園を購入して紅茶栽培に乗り出すだけでなく、茶樹の栽培から生産、販売までを一貫して行なうことで、安定した品質の紅茶を適正価格で消費者に提供することを可能にしたのです。

「茶園から直接ティーポットへ」というリプトンのスローガンのもと、リプトンの紅茶ビジネスは世界に広がり、紅茶文化の発展を牽引しました。日本に最初に輸入された外国産銘柄包装紅茶も黄色い缶に入ったリプトン紅茶で、1906年のことでした。

ティーカップを巡る物語

ヨーロッパ人が憧れた薄くて繊細な磁器

ヨーロッパでは、厚ぼったく重い「陶器」が主流で、薄く白く美しい色合いのアジアの磁器は、人々を魅了したそうです。でも、磁器のつくり方をヨーロッパの人々が知るのは、まだ先の時代になります。

16世紀の終わりに、イタリアで粘土の中にガラスを混ぜ合わせた器がつくられました。ヨーロッパにおける磁器製造の元祖、「メディチ磁器」です。これをきっかけに、ヨーロッパ各地で新たな器づくりが進められましたが、東洋の薄くて繊細な磁器には、なかなか近づくことができずにいました。

磁器製造の成功とヨーロッパ大陸への波及

ヨーロッパの人々が東洋のさまざまな産物に触れる中で、中国の薄く白い磁器は憧れの的と

ヘレンド「ヴィクトリア・プレーン」

イギリスのおみやげショップで
売られていたティーポット

1899年の
アンティークカップ
（イギリス製）

ヨーロッパが発明した磁器製造の技術により、色鮮やかで多種多様な陶磁器文化が広がっていった。

なり、どうすればつくることができるのかと、ヨーロッパ人は躍起になりました。

ドイツのザクセン選帝侯フリードリヒ・アウグスト2世もそのひとりで、ヨハン・フリードリッヒ・ベドガーという錬金術師に、磁器の製造を命じ、ヨーロッパではじめて真正磁器製造に成功しました。

1710年、アウグスト2世はやっとの思いで開発させたこの磁器製造の技法を他国に漏らさぬようにと、マイセンにあるアルブレヒト城の中にベドガーを幽閉します。しかし、重要な国家機密として極秘にされていたはずの磁器製法も、職人の脱走や引き抜きによって、やがて他国に伝わることとなります。

イギリス磁器の代名詞「ボーンチャイナ」の誕生

イギリスの陶磁器というと有名なのが、「ボーンチャイナ」です。チャイナというのは、英語で「やきもの」を総称する言葉で、ボーンは「骨」を意味します。

ボーンチャイナは、その言葉のとおり、そもそもは動物の骨灰を混ぜて焼いた、「骨灰磁器」のことで、1750年頃にロンドンのイーストエンドに設立されたボウ窯が、最初にボーンチャイナを製造したといわれています。

その後、この製法を用い、1799年頃にジョサイア・スポード2世がボーンチャイナの工業化に成功します。ヨーロッパ大陸で次々と誕生していった硬質磁器よりも強度のある、やわらかい乳白色の透光性のあるボーンチャイナが、イギリスの陶磁器界でどんどん拡大していったのです。

現在にも伝わる有名なイギリスの陶磁器会社は、ちょうどこのボーンチャイナ誕生の前後に数多く創業しています。

1750年には「ロイヤルクラウンダービー」、1751年には「ロイヤルウースター」、1759年には「ウェッジウッド」、1770年には「スポード」、1775年には「エインズレイ」、1793年には「ミントン」が誕生し、多くのイギリス人に愛される美しいボーンチャイナを製造していきました。

イギリス製磁器の発展と変遷は、紅茶文化とともに育まれていきました。

王室や上流階級の間で飲まれていた茶が、やがて一般市民たちにとっても手の届くような存在になってきたヴィクトリア時代後半、ボーンチャイナもまた庶民の生活の中に浸透していきました。

紅茶を飲むためには、ティーカップが必要です。よりおいしく飲めるよう、より香りが広がるよう、さまざまな形状やデザインのボーンチャイナが生まれ、ティータイムを豊かなものにしていきました。

ロイヤルドルトン
「イングリッシュルネッサンス」

ウェッジウッド
「スプリングブロッサム」

ロイヤルアルバート
「レディカーライル」

日本での紅茶の歩み

明治時代にはじめて紅茶が登場

茶に関しては長い歴史をもつ日本ですが、「紅茶」が登場したのは明治時代に入ってからといわれています。

鎖国が解かれた後の明治時代の日本では、輸出の主力品は、生糸と茶が担っていました。ここでの茶は、「緑茶」でしたが、世界的に緑茶よりも紅茶の需要が高いことに着目した明治政府は、日本で紅茶を栽培生産し、輸出量を高める取り組みを次第に強めていったのです。

１８７４（明治7）年、『紅茶製法書』を作成して各地に配布し、その翌年には中国から紅茶製造技術者を招いて、大分県と熊本県に紅茶伝習所を設けて日本人に紅茶製法を伝習させました。その後も、中国やインドに調査員を派遣して、紅茶を強力な輸出品に育て上げるために、政府は努力を重ねました。

明治時代後期になると、日本の紅茶環境はもっと幅広く展開していきます。日清戦争で日本が清に勝利したことで台湾が日本の領土となり、１８９９（明治32）年には三井合名会社が大規模な茶園を開拓。１９０３（明治36）年には台湾総督府により安平鎮《あんぺいちん》に設立された紅茶栽培試験所で紅茶生産研究が開始され、台湾で日本の紅茶事業が広がっていきました。

１９０６（明治39）年には、ロンドンで元詰めされたリプトン紅茶が、日本に輸入されました。外国産銘柄包装紅茶が日本にやってきたのは、このときがはじめてです。輸入食料商社の明治屋によって輸入され、明治屋はリプトン紅茶の広告なども展開していきました。

この紅茶が輸入されたことがきっかけとなって、当時の皇族や、上流階級、外交官や文化人などを中心に、紅茶が徐々に親しまれるようになっていきました。

平成になって復活した三重県亀山市の「亀山紅茶」。戦前は紅茶品種「べにほまれ」による紅茶栽培が盛んだった。写真は亀山紅茶の水色。

ティーバッグ自動包装機械と紅茶の輸入自由化

戦後、輸出品目として生産強化を図っていた紅茶ですが、1955（昭和30）年に生産量のピークを迎えたものの、その後減少し、1971（昭和46）年、紅茶の輸入自由化が行なわれ、国産紅茶の輸出の時代は終わります。

遡ること10年、1961（昭和36）年に、日本紅茶史にとって大きな出来事がありました。ティーバッグ機械製造による大量生産のスタートです。ドイツからティーバッグ自動包装機械が輸入されて製造を開始します。

ティーバッグの発売が開始されると、その簡便さが消費者の心をとらえ、ティーバッグ需要は一気に高まります。

緑茶産地でも有名な埼玉県狭山市の「狭山紅茶」。近年は紅茶製造にも力を注ぎ、海外でも高く評価されている。写真は狭山紅茶の水色。

一方、その頃、日本紅茶株式会社がイギリスの紅茶ブランド「ブルックボンド」と業務提携し、テレビやラジオでイギリスの紅茶商品の宣伝を大規模に展開していきます。これにより紅茶は一般家庭に一層浸透していきました。

その後、容器にペットボトルを使用した紅茶飲料が発売されると人気を博し、1990年代にはRTD（Ready To Drink）紅茶が市場に出回りました。

これまで家庭や外食産業だけでしか味わえなかった紅茶が、ペットボトルや缶飲料の普及により、外出先でも気軽に楽しめる飲み物として需要も高まり、紅茶の輸入量も大きく拡大したのです。

20世紀以降の紅茶文化①アイスティーの歴史

アメリカで偶然誕生したアイスティー

紅茶の飲み方にはいろいろありますが、冷たい紅茶、つまりアイスティーが生まれたのは20世紀初頭のこと。アメリカのあるイベント会場で、偶然生まれました。

場所は、ミズーリ州セントルイス、万国博覧会の会場でした。１９０４年に開催された万国博覧会の展示館で熱い紅茶を振る舞っていたのは、イギリス人のリチャード・ブレチンデン氏。インドの紅茶を飲んでもらおうと一生懸命でした。

しかしこの日は、とても気温が高く蒸し暑い日で、誰も熱い紅茶には見向きもしません。たくさん準備した紅茶はまったく注目されず、ブレチンデン氏は困っていました。

すると近くで氷を使っているブースを見かけました。

「そうだ、これだ!」と思い、すぐに氷を買い、アイスピックを借りて氷を細かく砕きました。そしてそれを熱い紅茶の中にいれると、ひんやりとした涼しげなアイスティーができたのです。

冷たい紅茶は、たちまち周囲の人の注目を集め、大人気となりました。これが、アイスティーのはじまりです。これをきっかけに、アイスティーはアメリカ全土に広がっていったのです。

日本では、ペットボトルに入っている冷たい紅茶もよく見かけますが、日本のように紅茶飲料がたくさん販売されているのは、他の国ではあまり見られないことです。

インドやスリランカなどの生産国は暑い気候の国ですが、冷たい紅茶を飲む習慣はほとんどありません。

ヨーロッパでは、特にベルギーやドイツなどでは炭酸入りのアイスティーがよく飲まれています。また、イタリアでは冷たいピーチティーやレモンティーなどが業務用でもありますし、他の国でも缶いりやボトルいりなどで、じわじわと広まっているようです。

しかしながら、紅茶の国イギリスには、冷たい紅茶の需要はほとんどありません。
紅茶は熱いものという伝統国ならではのこだわりは、まだ当分の間続くのかもしれません。

20世紀以降の紅茶文化②
ティーバッグの歴史

今では紅茶産業の中心的存在に

ティーバッグは、紅茶の需要拡大に大きく貢献した大発明といえるでしょう。茶葉を量る必要もなく、茶殻の処理もラクにできるので、日常生活ではもちろんのこと、外食産業でも大活躍です。

ティーバッグは、1杯分の茶葉をあらかじめ量って布に包んだものが考案されたことからはじまりました。これは、「ティーボール」と呼ばれ、ティーバッグの原型といわれています。1896年、イギリスでのことでした。そして1908年、アメリカで実用化されました。

1930年代には、ティーバッグのための「ろ紙（フィルター）」が開発されたことにより、ティーバッグの製品化が加速します。また、同時期に紅茶を製造する機械にも革命が起きました。短時間で紅茶の色味と香りが抽出可能な製茶機械が開発され、ティーバッグ需要に対応できる環境が整っていったのです。

ティーバッグの発明により、紅茶はより手軽で身近な存在に。

日本でティーバッグの機械製造が開始されたのは1961年、翌1962年に市場に登場しました。このときつくられたティーバッグは、底がW形に折り込まれタグがついている形状です。最初に紹介されたこの形が、日本ではおなじみのティーバッグとなりましたが、丸形やテトラ形、タグがついていないものなど、さまざまなものがあります。また、ティーバッグを個包装している素材も、紙製、アルミ製がありますし、コスト重視の商品の場合は、個包装していないものもあり、ライフスタイルによって使い分けることができる便利なものが揃っています。

紅茶の国イギリスでは、紅茶市場の97%以上がティーバッグ。今やティーバッグは、紅茶界の中心的存在なのです。

協力団体・協力企業（順不同、敬称略）

日本紅茶協会
ロイヤルクラウンダービージャパン株式会社
エインズレイ株式会社
ジャパン・ティー・トレーディング株式会社
三重県中央農業改良普及センター
キリンビバレッジ株式会社
The Savoy, London
Hartwell House & Spa - Buckinghamshire

参考文献（順不同）

『紅茶概説』（日本紅茶株式会社資料）
『20 世紀の日本紅茶産業史』（日本紅茶協会）
『紅茶の大事典』（日本紅茶協会編／成美堂出版）
『紅茶の保健機能と文化』
（佐野満昭・斉藤由美／アイ・ケイ コーポレーション）
『すてきな紅茶生活』（斉藤由美／ PHP 研究所）
『英国紅茶の贈り物』（斉藤由美／ KK ベストセラーズ）
『はずむ時間を、紅茶から。』
（リプトンおいしい楽しい紅茶推進チーム編／旭屋出版）
『紅茶のすべてがわかる事典』（Cha Tea 紅茶教室監修／ナツメ社）
『紅茶の世界』（荒木安正／柴田書店）
『洋食器を楽しむ本』（今井秀紀／晶文社）
『食の器の事典』（荻野文彦編／柴田書店）
『お菓子を習いに英国へ』（山口もも／新紀元社）
『世界お菓子紀行』（エディング出版編集部／ファミマ・ドット・コム）
『イギリス菓子図鑑』（羽根則子／誠文堂新光社）
『ティーインストラクター研修テキスト』（日本紅茶協会）
『ティーアドバイザー研修テキスト』（日本紅茶協会）
『ブルックボンドハウス紅茶教室テキスト』
『紅茶をもっと楽しむ 12 ヵ月』
（日本ティーインストラクター会／日本紅茶協会監修／講談社）
『紅茶の教科書』（磯淵猛／新星出版社）
『紅茶の基本』（枻出版社）
『世界のかわいいカップ&ソーサー』（明石和美／誠文堂新光社）
『英国の喫茶文化』（クレア・マセット／論創社）

本書は日本文芸社より刊行された単行本を
文庫収録にあたり加筆・改筆、したものです。

斉藤由美（さいとう・ゆみ）

英国紅茶研究家。ライター。

1967年生まれ、秋田県大館市在住。

日本紅茶協会認定ティーインストラクター、ティーアドバイザーの資格を持つ。

20年以上にわたる紅茶会社勤務を経験。1994年にオープンしたブルックボンドハウスでは副支配人を務め、紅茶教室やイベント企画、英国紅茶を巡る旅の企画運営などに携わった。リプトン紅茶（ユニリーバ）では「紅茶と健康プロジェクト」など、主にPRを担当した。

現在は、紅茶専門店&紅茶スクール「イギリス時間紅茶時間」（秋田県大館市）のオーナーとして、ティールームの運営、紅茶スクールを開講するほか、カルチャースクールでの講座や、「イギリス紅茶ツアー」を開催するなど、紅茶の楽しみを広める活動をおこなっている。

著書に『紅茶セラピー　世界で愛される自然の万能薬』（ワニブックス）などがある。

知的生きかた文庫

しあわせ紅茶時間《こうちゃじかん》

著　者　斉藤由美《さいとうゆみ》
発行者　押鐘太陽
発行所　株式会社三笠書房
〒一〇二-〇〇七二　東京都千代田区飯田橋三-三-一
電話〇三-五二二六-五七三四〈営業部〉
　　〇三-五二二六-五七三一〈編集部〉
https://www.mikasashobo.co.jp
印刷　誠宏印刷
製本　若林製本工場

ISBN978-4-8379-8849-6 C0130

知的生きかた文庫

やりすぎないからキレイになれる捨てる美容

小田切ヒロ

＊肌もメイクも、生き方も軽やかになる本！

厚塗りメイクや心のくもり……「捨てる」ことはあなたの肌が本来持つ力を引き出し、最短でキレイに導きます。この一冊で、いらないものを削ぎ落そう！

太るクセをやめる本

本島彩帆里

＊太るクセをやめたら、ずっと美しく健康でいられる！

食べ方のクセ、考え方のクセ、行動のクセ。無意識のクセが、キレイになるのを邪魔しているのかも。あなたのヤセられない原因を探りませんか？

世界一おいしいワインの楽しみ方

Tamy

＊ワインを楽しむコツをイラストとともにご紹介します！

品種、産地、香り、マナー、合わせる料理、これで全部わかるようになります。お家でも、レストランでも、お店でも、どこでも使える情報が満載。

C30144